FOTO**TORST**

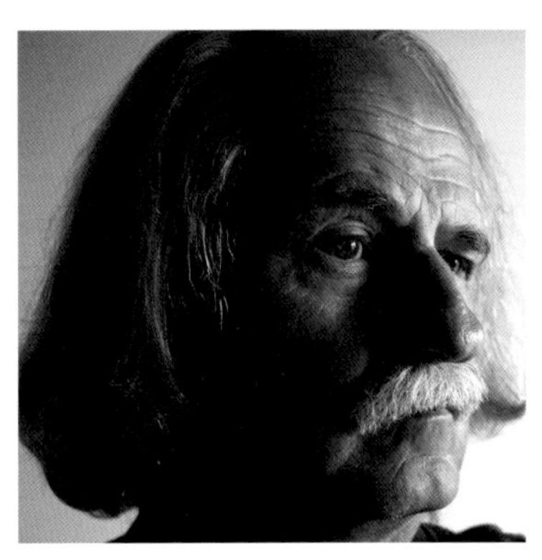

MAGDALENA JUŘÍKOVÁ

Jan **Ságl**

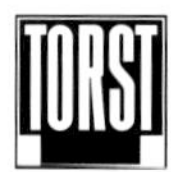

ISBN 978-80-7215-358-9
© TORST, 2009
Photographs © Jan Ságl, 2009
Text © Magdalena Juříková, 2009
Translation © Derek & Marzia Paton, 2009

Jan Ságl (b. 1942) is one of the first Czech photographers to welcome color film with enthusiasm, and to begin to use it fully as soon as it became available in his native Czechoslovakia (which was technologically behind other countries). The beginning of his work, however, is connected with classic black-and-white photography. At first he took photographs for the periodicals *Výtvarná práce* (Artistic Work) and *Výtvarné umění* (The Plastic Arts). Thanks to that he found himself in an exciting milieu in the 1960s. He moved about in studios and art groups, where the key events of the Czech art world were then taking place. He longed to be part of the whole flood of alluring new ideas. When he and his wife Zorka (1942–2003) began to have their first exhibitions with Jiří and Běla Kolář in the Václav Špála Gallery (with Jindřich Chalupecký as curator), each of them came with their own original concepts. In 1969, with their unfettered, provocative atmosphere, these exhibitions aroused the indignation of the authorities and the conservative public. Only gallery-goers open to new subject matter and new forms of art welcomed their manifesto-like statements. Ságlová placed piles of hay and bails of straw and alfalfa into the gallery spaces, and the viewers then shifted them about as they wished; the gallery space was filled with rock music from loudspeakers together with a recording of live grasshoppers. Ságl presented a number of photographs of the legendary Primitives Group and the Plastic People of the Universe, with whom he and his wife had also worked, designing the visual aspects of their concerts. The demonic, bewitching portraits of the individual members of the Plastic People retain their dramatic urgency to this day, and perfectly reflect the psychedelic nature of the band. In addition to portraits, group shots of the band were made in the dark woods near Valeč manor, in which the Plastic People are veiled only in the white smoke rising up from ferns. In their day these shots caused a furor when posted on the notice board of the Prague Cultural Center to promote the Plastic People. Back then, the band was still officially registered with the authorities. Though nakedness in those days was already a regular feature of the image of rockers in revolt (like Frank Zappa), these photos of the Plastic People were quite modest with provocative irony aimed against the establishment. The Plastic People pose here in the dark natural setting with expressions of fragile, even mythical naturalness, which probably had to do with their would-be Romantic attitude, their love of cosmogony, and Celtic ritual. Ságl was for years a direct part of the lives of the Plastic People, and together with Ivan Martin Jirous, Věra Jirousová, and Zorka (Jirous's sister), he actively helped to create the Plastic People legend.

Shortly after the exhibition in the Špála Gallery the turning point slowly but surely began to approach, which would cast the Ságls into involuntary isolation. The rude attentions of the police also pressed down on them. The euphoric period of the late 1960s, in which underground music enjoyed a more or less open life, quickly sank to the bottom of "Normalized" Czechoslovak society in the 1970s. Ságl immediately reacted with photos in which he recorded the threatened privacy of his home, which was now made uncomfortable by secret-police house searches. Although the situation was oppressive and hopeless, we can now look back at the quiet nooks of the Ságls' flat in the Prague district of Vinohrady with a certain nostalgia. The photos also, however, clearly involve a view from the inside out, towards the light, revealing a desire to escape from the continuous psychological confinement.

As a participant in, and documenter of, the events that Zorka organized in the open air in the late 1960s and early 1970s, Ságl began to move about in the outdoors without a second thought. With increasing intensity he found things there that reflected his feelings and ideas. He was fascinated by the conflict between civilization and nature. His photos of the happening *Homage to Obrman* (1970) anticipates a number of later photos in which fire and its traces in light and ritual play the leading role in the landscape. There are also typical signs of the fleetingness of human actions, which are gradually absorbed by the milieu. The themes of clinging and of the subsequent decay of man-made things on the landscape would in the future become inexhaustible for Ságl. Fire as an archetype of human behavior in the landscape would, however, with time give way to less mystical, more physical phenomena in the sky. The landscape for him began to represent the most complex picture of reality, and confirmed his experience that the land is able to concentrate within itself everything that he believed was worth considering. On his travels to specific destinations on assignment, Ságl photographed the land with apparent nonchalance. He could not resist chance art that remained on the land after on had been worked by farmers. He was moved by the depopulated Baltic coast, which was at that time one of the few places Czechs were allowed to travel outside their own country. To a considerable extent the somewhat abstract photos from the Baltic Sea are a reaction to the aesthetic of the "New Sensitivity," which for Zorka and Jan Ságl represented a viable reaction to Art Informel, which itself had been overloaded with emotions and spontaneity.

The concept "New Sensitivity" includes some tendencies of those days, from the geometric to the conceptual. The Ságls were by nature inclined to submit their experiences and ideas to a rational and culturally historical "test." Consequently, their art works were carefully thought out. It was also a matter of "being sensitive" to a new situations that demanded not only an aesthetic message but also a social message from the artist. Ságl's *Swallows* series (1975) was conceived as a record of a changing arrangement of birds on telegraph wires. It was his purest conceptual work. At the time it was made the work was meant as a challenge to someone to put it to music. This was clearly linked with the then current principles of "musical graphics". Although the Plastic People immediately tried to set it to music, the full-fledged interpretation of this theme was not taken up till Eva Kerlická, a violinist, tried it in 2001, to the artist's complete satisfaction. She regularly performs the composition to this day on various occasions, together with the cellist Tomáš Jamník.

Ságl, however, retained his romantic desire to record in as much detail as possible the land that had undergone megalomaniacal collectivization and industrialization. The series from Slovakia and south Moravia (1974–78) are characteristic documents of forgotten, idyllic, village nooks of those days.

In the early 1970s, south Bohemia became another favorite location for Ságl. The colorful summer atmosphere of spacious green plains with the single orientation point of a large tree on the distant horizon fascinated him with its broad scale of greens, which are so concentrated that from the photos we sense the air imbued with the fragrance of vegetation. From all the photos emerges the atmosphere of the south Bohemian countryside, which was considered a temporary asylum, and not only in the era of the totalitarian marasmus: historically and ethnographically this region, after rural Moravia, was the least damaged by civilization. Even Ságl could not prevent himself from becoming spontaneously enthusiastic about the region. He depicts the local color of south Bohemia in strikingly impressive compositions of light, with an emphasis on the simple morphology of the landscape, not on ethnographic-like detail. The monumentality of the photos gradually grows. The relief of the land gives way to a two-dimensional stratification of shots like views from an airplane, which Ságl in fact knew from his attempts at being a pilot.

Color photography, which he switched to once and for all in 1979, contributed to his often even more thoroughly minimalistic and geometric motifs. Clean, contrasting surfaces predominate, without losing atmospheric depth, but increasingly become mere vibrating substance. In some cases the horizon has been completely eliminated, and Ságl thus consciously touches upon the artistic qualities of abstract painting, which he so admires, for example in the canvases of Mark Rothko. An essential quality of his work is the texture of the colored surface, which assumes its full role only much later in the new digital photos.

In Křížov pod Blaníkem, Ságl the wanderer found refuge at his cottage. There he felt relatively free and, mainly, far-away from Prague and the ever-present eyes of the state. The experience of the unbounded nature of the surrounding landscape, full of unhackneyed colored reality, whose share in the composition of his photos continuously grows, supplanted the gloomy, melancholy moods. Even back then he was able to recognize in the landscape the attractiveness of natural phenomenon. For this, he was able to find not only the ever-pursued right light and angle, but was also able to add his own conviction about the strength and autonomy of such shots.

The years spent taking photographs for postcards for the Pressfoto agency were not completely boring or merely a way to make a living for Ságl. They also contributed to the polishing of his craft and style. He carried out his private discoveries of the landscape with greater responsibility, so that inwardly he could resist the ideological assignments of the agency, which wanted, for example, no churches in its village panoramas.

In the 1970s he devoted most of his time to commissions. The works that he did strictly for himself were seen only sporadically. Not till the next decade did the situation gradually change for Ságl in favor of photography he made solely for himself. He also had his first success with a published work: in 1984 his *Jihočeská krajina* (South Bohemian Landscape) was published. With a number of outstanding photographs of various moods, it is a purely personal statement about the character of this area. It masterfully avoids aesthetic adjustments of what is seen, and shows a profound sympathy for the natural state of affairs, which the photographer considered harmonic and was able to convey as such.

The Pressfoto publishing house showed what was at the time unusual respect for the material of a subjective nature with which Ságl was continuing the Czech art tradition. Landscape painting had gained great authority in Bohemia, particularly when it most intimately related to the milieu in which artists were willing to spend many days and even months in the great outdoors studying its character and symbolism, and to present a summary of their visual and spiritual experience of it. Ságl was consciously carrying on this tradition, but in the medium of photography.

The volume *Severozápadní Čechy* (Northwest Bohemia; 1984) is concerned with bringing to light the cultural and historical dimensions of places which to this day bear the ominous hallmark of a region devastated by industry and coal mining. Even though this is material of an informational nature, in Ságl's conception one senses his typical intellectual insight into the situation. He is unable merely to press the shutter release disinterestedly; he is always immersed in the broader context.

In 1982 Ságl first traveled beyond the western border of Czechoslovakia. In France he began a new stage of his work. He was bewitched by the photogenic scenery, and his repertoire was immediately expanded with snapshots of the metropolis below the Eiffel Tower. From these works it is clear how he insatiably took in every tiny detail, no matter how marginal or inconspicuous it might have seemed, but for him all the more valuable, more so than the famous attractions of the big city. He enthusiastically reveals snippets from life in the streets, from galleries, and of cathedrals, which are exciting in terms both of the situations they depict and of their colors. By focusing on details, reflections, and light breaking through, he masterfully evokes the atmosphere of participating in a secret ritual. Just as his relationship to the land became more intimate, so too he moved about the city with quiet respect so as not to disturb the private character of the places and situations he came across. The moment he pressed the shutter release he became the happy, exclusive owner of the observed moment.

As a person who has been closely linked with the art world ever since he was young, Ságl arrived in Paris and then elsewhere in Western Europe with a keen interest in galleries and museums. In this milieu he did not hesitate to take photographs, but he did not merely record artifacts themselves. He was also interested in the environment in which spiritual wealth is concentrated and also where crowds of viewers "consume" it. The visual attractiveness of the milieu stands in the background. What is essential is the atmosphere with the essence of creativity, the aura that has arises with the concentration of rare individuals.

Ságl eventually had an opportunity to become acquainted with other corners of France, and these places got deep under his skin. Thanks to increasing offers to collaborate with foreign agencies and periodicals (including *Geo*, *Smithsonian Magazine*, *The New York Times*, *National Geographic*, and *Zeit Magazin*) he could gradually make up for his previous isolation behind the Iron Curtain by traveling all over the world. The photo-reportage increased and with it so did opportunities to photograph new milieus for his own pleasure. The themes, however, remained the same: the land and its life subordinated to human activity that is sometimes beneficial to the land, sometimes disruptive or outright destructive. Ságl perceives every corner of the land as being defiant and viable. He merely records man's mistakes; he does not pillory them. With even greater pleasure he turned his attention to activities that are cultural and cultivate the land, to the Land-Art-like tidiness of the work of horticulturalists, to the exceptional and thoroughly utilitarian creations of architects, to details of the urban organism, to the abandoned remains of ancient civilizations. Ságl's view of each particular piece of land is accompanied by a number of questions, an interest in its past, present, and future, even though his subject is only the momentary state it is in.

Ságl's book *A co Paříž, jaká byla?* (And What about Paris? What Was It Like?), an impressive essay full of poetic witty photographs of a lighter genre, was published in 1987. Here Ságl goes against established approaches; instead of the traditional tourist attractions, he pays a great deal of attention to the contemporary architecture that was made in connection with the historical axis of the city. The selection of photographs testifies to his hardheaded endeavor to avoid convention, in spite of the skeptics who criticized the photos as not being Parisian enough. Now, years later, the fragile nature of some of the fleeting moments, impossible to define, leaves a pleasant, refreshing impression, which emphasizes the ubiquitous easy-going bohemian ways of Paris.

In November 1989 Ságl and his camera were at the center of the anti-régime demonstrations in Czechoslovakia. With vital sympathy, but without sentimentality, he documented events, which by their nature effortlessly fall into the context of his essay on the landscape, in which both special and ordinary moments were, and are, important to him.

The professional life of Zorka and Jan Ságl became easier after the collapse of the Communist regime. They gradually became part of the art scene again, and were involved in exhibition projects in which they received recognition and respect for the importance of their work, past and present.

Ságl continued to chart the cultural layers of Europe. He admits that he has been most drawn to the countries of the Romance languages, in which cultural traditions show a marked continuity. Provence, with its gentle colors of lavender, Carnac, with its fields of thousands of megaliths, Tuscany, with its raised fingers of cypress and the colors of stone walls full of colorful blossoms, all of that is captured by his camera. He assigns everything with satisfaction to the hundreds of shots accumulated in the past, including those from times when he could only dream about the magic of these distant places. Ságl's photographs from all over the world were published in 1995 in a volume simply called *Krajina* (Landscape). There clearly emerges in the book a unifying element linking photos made across the Continent – namely, an awareness of contexts and an intimate knowledge of milieus, going deep beneath the surface, in search of visible reality, towards historical, social, and cultural values that are for Ságl a motive and impulse. The main genre in the book is the wide-open landscape with deep vistas, monumental atmospheric movement, the dramatic light of the sun setting or rising, expressively colored and grandly partitioned surfaces, scattered hay as a moveable structure in dynamic glowing contrast to the green pasture, or a seaside landscape of rocks or the smooth sand of deserts with a graphic grid created by the wind.

Whereas in this book Ságl tended to report on the scenery, which has a natural effect despite the systematic active presence of man, seven years later he also included urban landscapes in a book with the well-chosen title *Art Cult*, together with many of his explorations of cultural shrines, to which he has not ceased paying attention. He traveled more often to Germany, where, in the late 1980s, numerous museums and galleries by outstanding architects were just beginning to be built to hold large collections of art from around the world. His work for agencies took Ságl to the Canary Islands several times. There he encountered, among other things, the particularly persistent efforts of plant growers. The flora in the photographs cowers forlornly in the black basin of a lava field, and looks like vegetation naturally coming back to life after the raging of the elements – and yet it was planted here by the patient hands of natives. The relations between natural processes and human activity are inspirational for Ságl, as is the human struggle with the environment in which humans manage to leave behind clear, sometimes devastating traces. Even that can have aesthetic potential, despite its negative impact. The even more complicated relations between the temporally limited existence of human beings and the unlimited and, from the perspective of the individual, monumental force of nature and the memory of lands civilized even earlier are the constant focus of his attention. He seems endlessly able to distinguish fresh nuances in this broad theme, and never goes to his favorite places with his mind already made up about them. Further evidence of that is the still-growing set of photos from Paris. He always worked in this city with Zorka's support. After he lost her in 2003, he had to find his bearings alone, and his way of looking at things changed. On the one hand he now notices more closely the hustle and bustle in cafés and in the streets, on the other, say, the utterly banal inventory of the city, which without any manipulation presents ready-made abstract pictures. Reflections, which even in the past played an important role in his conception of the photo, now, in color versions, have been gaining force.

The "old-new" exhibition in 2007, which was held to mark a double anniversary of Ságl's – both his 65th birthday and the 50th anniversary of his taking photographs–, brought together a large selection of his efforts in the field of color photography. As in *Art Cult*, here too he managed to demonstrate the lasting, firmly fixed contexts of his own works based on a model that was defined back in his youth by his intellectual approach to his art, his broad practical experience, his participation in the art scene, and his unusually keen eye for events that shift one's thinking about art, and also in art, to new, unexplored territories. The exhibition there did not have to present the work chronologically, because the mode of expression of the photographs from the 1980s and the mode of the later works are completely in harmony with each other. That was helped also by the new digital processing of earlier 35 mm negatives and handmade prints executed to perfection by Ságl himself.

Ságl's vitality is a guarantee that his uninterrupted pictorial essay, which he began decades ago, will continue with other exciting chapters.

Jan Ságl je jedním z prvních českých fotografů, kteří přijali s nadšením barvu a jakmile to bylo v opožděných českých podmínkách možné, začali ji plnohodnotně využívat. Začátky jeho tvorby jsou však samozřejmě spojeny s klasickým černobílým snímkem. Zprvu fotografoval pro časopisy Výtvarná práce a Výtvarné umění. Díky tomu se ocitl v prostředí, které jej v šedesátých letech zahltilo množstvím vzrušujících podnětů. Pohyboval se v ateliérech a uprostřed uměleckých seskupení, kde se odehrávaly klíčové události tehdejšího výtvarného dění. Cítil, že touží být součástí celého toho nového přitažlivého přívalu myšlení. Když poprvé samostatně vystavoval – spolu se svou ženou Zorkou a manželi Kolářovými v Galerii Václava Špály pod kurátorským vedením Jindřicha Chalupeckého –, vystoupili tam všichni se svými neodvozenými koncepty, které v roce 1969 svou nevázanou a provokativní atmosférou vzbudily u oficiálních orgánů a konzervativního publika rozhořčení. Jen diváci otevření novým tématům a formám výtvarného jazyka jejich manifestaci uvítali. Zorka Ságlová umístila do sálů galerie hromady sena a balíky slámy a vojtěšky a diváci je pak dle libosti přemisťovali v prostoru, který byl ozvučen rockovou hudbou z reproduktorů s autentickým přispěním lučních kobylek. Jan Ságl se představil řadou fotografií legendárních kapel The Primitives Group a The Plastic People of the Universe, se kterými manželé Ságlovi spolupracovali i na výtvarné podobě jejich koncertů. Démonické a uhrančivé portréty jednotlivých členů Plastic People mají dodnes dramatickou naléhavost a zcela odpovídají tehdejšímu psychedelickému ražení kapely. Vedle portrétů vznikly v blízkosti zámku Valeč také skupinové snímky kapely v temném interiéru lesa, na nichž Plastiky zahaluje pouze bílý dým stoupající z kapradin. Tyto snímky svého času vyvolaly pobouření, když měly na nástěnce Pražského kulturního střediska propagovat Plastic People, tehdy ještě oficiálně registrovanou rockovou skupinu. Nahota byla tehdy už běžnou součástí image revoltujících rockerů (například Franka Zappy), v jejich případě šlo však o civilní snímky s různými ironickými a provokativními podtexty namířenými proti společenskému establishmentu. Plastic People pózovali v ztemnělé přírodní scenérii s výrazem křehké, až mytické přirozenosti, což zřejmě souviselo s jejich romantizujícími postoji, zálibou v kosmogonii a keltských rituálech. Jan Ságl byl po léta bezprostřední součástí jejich života a spolu s Ivanem Martinem Jirousem, Věrou Jirousovou a svou životní partnerkou Zorkou Ságlovou – Jirousovou sestrou – aktivně spoluvytvářel legendu Plastic People.

Nedlouho po výstavě ve Špálově galerii se nezadržitelně blížil zvrat, který manžele Ságlovy uvrhl do nedobrovolné izolace. Neurvalá pozornost policejních orgánů na ně dolehla se vší tíhou. Euforická doba konce šedesátých let, v níž hudební underground žil víceméně veřejně, se rychle propadala k normalizačnímu dnu. Jan Ságl ihned reagoval snímky, ve kterých zaznamenával ohroženou intimitu svého domova, neurotizovanou domovními prohlídkami. Přestože šlo o velice tísnivou a bezvýchodnou situaci, ztichlá zákoutí vinohradského bytu Ságlových můžeme dnes vnímat s jistou mírou nostalgie. Zároveň je v nich ovšem čitelný pohled zevnitř ven – za světlem, prozrazující touhu po úniku z trvalého psychického sevření.

Jako účastník i dokumentátor akcí, které Zorka Ságlová uskutečňovala na konci šedesátých a začátkem sedmdesátých let v krajině, začal se Jan Ságl se samozřejmostí pohybovat v exteriéru a stále intenzivněji v něm nacházel odezvy svých pocitů a představ. Zaujal jej rozpor mezi civilizací a přírodou. Záběry z akce *Pocta Obrmanovi* (1970) předznamenávají řadu pozdějších snímků, na nichž je v hlavní roli oheň a jeho světelná i rituální stopa v krajině. Zároveň jde o typické znaky pomíjivosti lidských činů, které prostředí postupně vstřebává. Téma ulpění a následného rozkladu lidské činnosti na tváři krajiny se v budoucnu stane pro Ságla nevyčerpatelným. Oheň jako jeden z archetypů chování člověka v krajině však časem ustoupí méně mystickým a více fyzikálním jevům na obloze. Krajina pro něj začne představovat ten nejkomplexnější obraz skutečnosti a potvrdí jeho zkušenost, že je v sobě schopna soustředit vše, o čem považoval za nutné přemýšlet. Ságl fotografoval krajinu jakoby mimochodem při svých cestách za konkrétními pracovními cíly. Neodolal náhodným výtvarným událostem, které v ní zůstaly po činnosti venkovských hospodářů. Oslovilo jej existenciálně vyprázdněné pobřeží Baltského moře, které bylo v té době pro nás jedním z mála dostupných míst v zahraničí. Do značné míry abstrahované záběry od Baltského moře reagují na estetiku „nové citlivosti“, která pro Zorku i Jana Ságlovy představovala v té době životaschopnou reakci na emocemi a spontaneitou přetížený informel.

Pojem „nová citlivost" v sobě shrnul několik dobových tendencí, od geometrických až po konceptuálně založené. Ságlovi byli vnitřně ustrojeni k tomu, aby své zážitky a představy podrobovali racionálnímu a kulturně-historickému „testování" a aby svá výtvarná díla uskutečňovali na promyšleném půdorysu. Zároveň šlo i o „citlivost" k nové situaci, která od autora vyžadovala nejen estetické, ale i společenské poselství. Ságlův cyklus *Vlaštovky* (1975), který vznikl programově jako záznam měnících se seskupení ptactva na drátech telegrafního vedení, byl jeho nejčistším konceptuálním projevem. Už v době svého vzniku měl být výzvou ke zhudebnění, což jasně souviselo s tehdy aktuálními principy hudební grafiky. Plastic People se sice o zhudebnění ihned pokusili, ale plnohodnotně se interpretace tohoto tématu ujala až houslistka Eva Kerlická v roce 2001, která autorovu představu bezezbytku naplnila. Skladbu dnes koncertně provádí při různých příležitostech spolu s violoncellistou Tomášem Jamníkem.

V Ságlovi však nadále přetrvávala romantická touha co nejpodrobněji zaznamenat krajinu, která ustupovala kolektivizační a industrializační megalomanii. Cykly ze Slovenska a jižní Moravy (1974–78) jsou typickými dobovými dokumenty ze zapomenutých, idylicky rustikálních vesnických zákoutí.

Další oblíbenou lokalitou se pro něj na počátku sedmdesátých let staly jižní Čechy. Letní barevně sytá atmosféra rozlehlých zelených plání s jediným záchytným bodem vzrostlého stromu na vzdáleném horizontu fascinuje nejrůznějšími valéry zelené, které jsou tak koncentrované, že ze snímků přímo cítíme vzduch prosycený vůní rostlinstva. Ze všech záběrů se k nám vznáší atmosféra jihočeského venkova, který byl považován za dočasný azyl nejen v éře totalitního marasmu: i historicky a etnograficky platil – po moravském venkovu – za region nejméně nahlodaný civilizací. Ani Jan Ságl se na jihu neubránil spontánnímu nadšení. Jihočeský kolorit líčí ve výrazně impresivních světelných kompozicích s důrazem na prostou morfologii krajiny, nikoli na národopisně laděný detail. Monumentalita záběrů postupně narůstá, reliéf ustupuje plošnému rozvrstvení snímků podobně jako při pohledu z letadla, který si Ságl skutečně vyzkoušel i na vlastní kůži jako pilot.

Barva, na kterou přešel s definitivní platností v roce 1979, přispěla k často ještě důslednější minimalizaci a geometrizaci motivů. Dominují čisté a kontrastní plochy, které sice nepostrádají atmosférickou hloubku, ale přecházejí stále více v pouhou chvějivou substanci. V některých případech je horizont zcela eliminován, a tehdy se Ságl vědomě dotýká výtvarných kvalit malířské abstrakce, kterou tolik obdivuje například na plátnech Marka Rothka. Nezanedbatelnou kvalitou je mu struktura barevné plochy, která teprve v mnohem později digitálně nově realizovaných snímcích získá svou plnohodnotnou roli.

V Křížově pod Blaníkem poutník Ságl našel útočiště na vlastní chalupě, kde si připadal relativně svobodný a hlavně vzdálený v Praze všudypřítomnému státnímu dohledu. Pochmurné a melancholické nálady vytěsňoval zážitek z neohraničenosti okolní krajiny plné neotřelých barevných reálií, jejichž podíl na kompozici snímků u něj stále narůstá. Už tehdy byl schopen rozpoznat v krajině přitažlivost přirozených jevů, pro které dovedl najít nejen pověstné dobré světlo a úhel, ale také přidat své přesvědčení o síle a autonomii takovýchto záběrů.

Léta strávená focením pohlednic pro agenturu Pressfoto neznamenala pro Ságla pouze nudnou a nutnou obživu, ale přispěla svými nároky na vybroušení jeho řemesla a stylu. Svá soukromá odhalování krajiny činil s větší odpovědností – aby tak vnitřně vzdoroval ideologickým zadáním agentury, která si například nepřála zachytit kostel v panoramatu vesnice.

V sedmdesátých letech věnoval většinu času zakázkám a jeho volné práce byly viděny pouze sporadicky. Teprve v následujícím desetiletí se Ságlova situace postupně změnila ve prospěch volné autorské fotografie a přišel také jeho první publikační úspěch.

V roce 1984 vyšla jeho *Jihočeská krajina*, která soustředila řadu vynikajících snímků různých nálad. Šlo o ryze osobní výpověď o charakteru této oblasti, mistrně se vyhýbající estetizující úpravě viděného, se silným porozuměním pro přirozený stav věcí, který autor považoval za harmonický a dokázal jej tak i zprostředkovat.

Nakladatelství tehdy s nebývalým respektem využilo materiál subjektivního charakteru, kterým Ságl navázal na domácí výtvarnou tradici. Krajinomalba si u nás získala velkou autoritu, zejména když se nejintimněji dotýkala prostředí, v němž byli umělci ochotni dlouhé dny a měsíce studovat v plenéru jeho ráz i symboliku a podat v souhrnu vizuální i duchovní zkušenost z něj. Ságl vědomě pokračoval v této tradici, ale v médiu fotografie.

Na jiném půdorysu vznikla publikace *Severozápadní Čechy* (1984), v níž šlo o zviditelnění kulturního a historického rozměru míst, která dodnes nesou neblahý punc průmyslem a těžbou hnědého uhlí zdevastovaného regionu. I když jde o informativní materiál, v Ságlově pojetí je z něj cítit pro něj typický intelektuální vhled do situace. Nedokáže pouze nezainteresovaně mačkat spoušť, vždy je ponořen do širších souvislostí.

V roce 1982 Ságl poprvé odjíždí za západní hranici Československa – do Francie. Tam začíná nová etapa jeho práce. Je doslova uhranut tamní fotogenickou scenérií a jeho rejstřík se ihned rozšiřuje o momentky z metropole pod Eiffelovou věží. Z jeho počínání je zřejmé, jak nenasytně sleduje každý drobný detail, zdánlivě okrajový a nenápadný, pro něj však cennější než proslulé atrakce velkoměsta. Odhaluje s nadšením situačně i barevně vzrušivé útržky ze života na ulici, z galerií a katedrál. Zaměřením na jednotlivosti, zrcadlení a průniky světla mistrně navozuje atmosféru spoluúčasti na tajemném kulturním rituálu. Jako se jeho vztah ke krajině stal postupně intimním, pohybuje se i ve městě s tichým respektem, aby nenarušil komorní charakter míst a situací, které potkává. V okamžiku zmáčknutí spouště je šťastným a výhradním vlastníkem spatřeného momentu.

Jako člověk od mládí pevně spojený s výtvarným děním vstupuje Ságl nejprve v Paříži a pak i jinde v západní Evropě s dychtivým zájmem do galerií a muzeí. Nezdráhá se ani tady fotografovat, nezaznamenává však artefakty. Zajímá jej prostředí, v němž je duchovní bohatství koncentrováno a kde je také zástupy diváků „konzumováno“. Vizuální atraktivita prostředí stojí v pozadí, podstatná je atmosféra s esencí tvořivosti, fluidum, které vzniklo soustředěním vzácných individualit.

Ságl má postupně možnost seznámit se s dalšími kouty Francie, které se mu trvale zaryjí pod kůži. Díky rozšiřující se nabídce ke spolupráci od zahraničních agentur a časopisů (Geo, Smithsonian Magazine, The New York Times, National Geographic, Zeit Magazin) může postupně kompenzovat svou dřívější izolaci za železnou oponou četnými cestami po světě. Reportáží přibývá a s nimi i příležitostí fotografovat pro vlastní potěšení stále nová prostředí. Téma však zůstává stejné: krajina a její existence podrobená lidské činnosti. Ta je někdy krajině prospěšná, jindy rušivá či zkázonosná. Ságl každý kout země vnímá jako vzdorující a životaschopný a lidské omyly nepranýřuje, jen zaznamenává. A ještě raději svou pozornost obrací k činům kulturním a krajinu kultivujícím, k land-artové úhlednosti práce pěstitelů, k výjimečným i zcela utilitárním výtvorům architektů, k detailům městského organismu, k opuštěným zbytkům dávných civilizací. Ságlův pohled na každé specifické území doprovází řada otázek, zájem o jeho historii, současnost i budoucnost, i když jeho objektem je pouze jeho okamžitý stav.

V roce 1987 vychází Ságlovi kniha *A co Paříž, jaká byla?* Kniha je působivou esejí plnou poetických, vtipných i žánrově odlehčených fotografií. Vydal se zde proti svým zažitým postupům, když místo tradičně obdivovaných pamětihodností dal velký prostor soudobé architektuře, která tehdy vznikala v návaznosti na historickou osu města. Výběr fotografií svědčí o tvrdohlavé snaze vyhnout se konvencím navzdory pochybovačným hlasům, které snímky kritizovaly jako málo pařížské. S odstupem let působí křehká nedefinovatelnost některých letmých okamžiků příjemným a osvěžujícím dojmem, který podtrhuje v Paříži všudypřítomnou bohémskou nevázanost.

V listopadu 1989 stojí Ságl s fotoaparátem ve středu dění a s živou účastí, ale bez sentimentu, dokumentuje události, které svým charakterem přirozeně zapadají do kontextu jeho eseje o krajině, v níž pro něj byly a jsou důležité jak hvězdné, tak obyčejné okamžiky.

Profesní život manželů Ságlových se po pádu komunismu usnadnil, pomalu se stávali opět součástí výtvarného života a výstavních projektů, které rozpoznaly a ocenily význam jejich minulé i současné práce.

Jan Ságl pokračuje v mapování kulturních vrstev Evropy. Přiznává, že jej nejvíce přitahují románské země, v nichž tradice vzdělanosti a kultury vykazuje vzácnou kontinuitu. Provence s něžnými barvami levandule, Carnac s poli tisíců megalitů, Toskánsko se vztyčenými prsty cypřišů a barvami prokvetlými kamennými zdmi, to vše defiluje před jeho kamerou. Vše se zadostiučiněním řadí k stovkám záběrů nahromaděným v minulosti, kdy mohl o magii těchto vzdálených míst pouze snít. V roce 1995 vychází suma Ságlových obrazů z domova i ze světa nazvaná prostě *Krajina*. Vyniká v ní zřetelně jednotící prvek spojující záběry pořízené napříč kontinentem – je jím vědomí souvislostí a důvěrná znalost prostředí jdoucí hluboko pod povrch, za viditelnou realitu, směrem k historickým, společenským a kulturním hodnotám, které jsou pro něj motivem i impulsem. Žánrově v knize převládá volná krajina s hlubokými průhledy, monumentálními atmosférickými pohyby, dramatickým světlem zapadajícího či vycházejícího slunce, expresivně barevné a velkoryse traktované plochy, rozmetávaná sláma jako pohyblivá struktura v dynamickém a zářivém kontrastu se zelenou pící či přímořská krajina se skalisky nebo hladký písek pouště s grafickým rastrem vytvořeným vanoucím větrem.

Zatímco v této knize Ságl referuje spíše o scenériích, které působí přirozeně navzdory soustavné aktivní přítomnosti člověka, o sedm let později do knihy s přiléhavým názvem *Art Cult* už zahrnuje i městskou krajinu a mnohé ze svých průzkumů kulturních stánků, kterým nepřestává věnovat pozornost. Přesouvá se častěji do Německa, kde koncem osmdesátých let začala vyrůstat četná muzea a galerie od vynikajících architektů, zastřešující rozsáhlé sbírky světového umění. Práce pro agentury Jana Ságla několikrát zavedla na Kanárské ostrovy. Setkal se tu kromě jiného se zvlášť vytrvalým pěstitelským úsilím. Rostliny se na snímcích osamoceně choulí v černém kotli lávového pole a vypadají jako přirozeně se obnovující flóra po řádění živlů – a přitom je tu rozsázely trpělivé ruce domorodců. Vztahy mezi přirozenými procesy a lidskou činností jsou pro Ságla nejinspirativnější, stejně jako zápolení člověka s prostředím, v němž se mu podaří zanechat zřetelnou a někdy navíc devastující stopu. I ta může mít – přes svůj negativní dopad – estetický potenciál. Ještě komplikovanější vztahy mezi časově omezenou lidskou existencí a neomezenou a z hlediska jednotlivce monumentální silou přírody a pamětí již dříve civilizovaných území jsou neustále středem jeho pozornosti. Je schopen bez omezení rozpoznávat nové nuance tohoto širokého tématu a nikdy na svá oblíbená místa nepřichází s hotovým názorem. Důkazem toho je i nadále se rozrůstající soubor snímků z Paříže. Vždy se v tomto městě pohyboval s oporou své ženy Zorky. Poté co ji ztratil, musí se orientovat sám a jeho optika se mění. Na jednu stranu si všímá podrobněji ruchu v kavárnách a ulicích, na druhou stranu třeba zcela banálního městského inventáře, který bez dalších zásahů představuje hotový abstrahovaný obraz. Odrazy a zrcadlení, které již v minulosti hrály v jeho koncepci záběru důležitou roli, nyní v barevných verzích nabývají na razanci.

Výstava *Starénové*, která vznikla u příležitosti dvojího Ságlova jubilea – životního i pracovního –, shrnula v roce 2007 v rozsáhlém výběru autorovo dosavadní úsilí na poli barevné fotografie. Stejně jako v *Art Cultu* podařilo se mu i zde prokázat trvalé a pevné souvislosti vlastního díla, založeného na vzorci, který byl již v jeho mládí definován intelektuálním postojem k tvorbě, širokou praxí a účastí na výtvarném dění a neobvyklým čichem registrujícím události posouvající myšlení o umění i v umění na nová neprobádaná území. Výstava tak mohla rezignovat na chronologickou linku díla, neboť výraz snímků z osmdesátých let i těch současných byl zcela v souladu. Přispělo k tomu i nové digitální zpracování starších kinofilmových záběrů a autorem do dokonalosti dovedené vlastnoruční printy.

Ságlova vitalita je zárukou, že jeho nepřetržitá obrazová esej, kterou začal vytvářet před desetiletími, bude pokračovat dalšími vzrušujícími kapitolami.

THE PLASTIC PEOPLE / PLASTIC PEOPLE

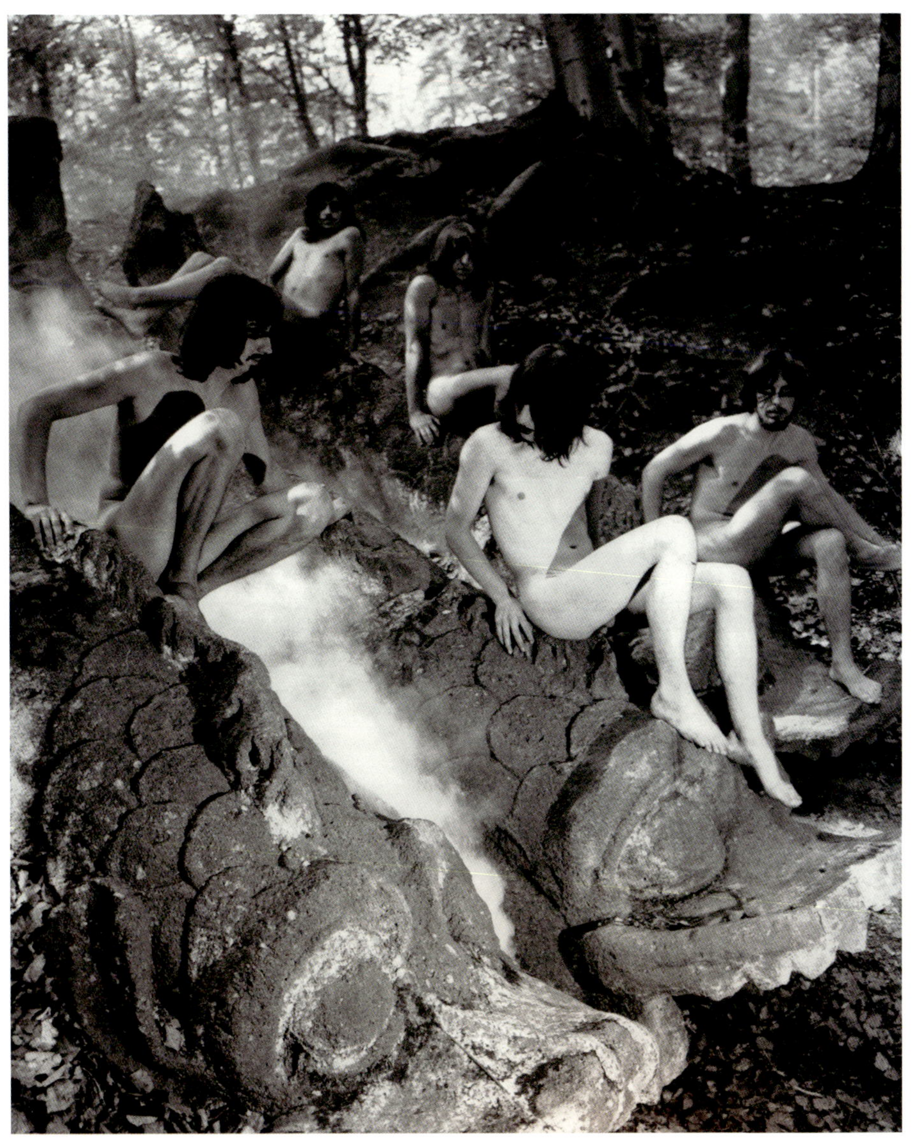

1 **From the series The Plastic People / z cyklu Plastic People, Valeč** 1969

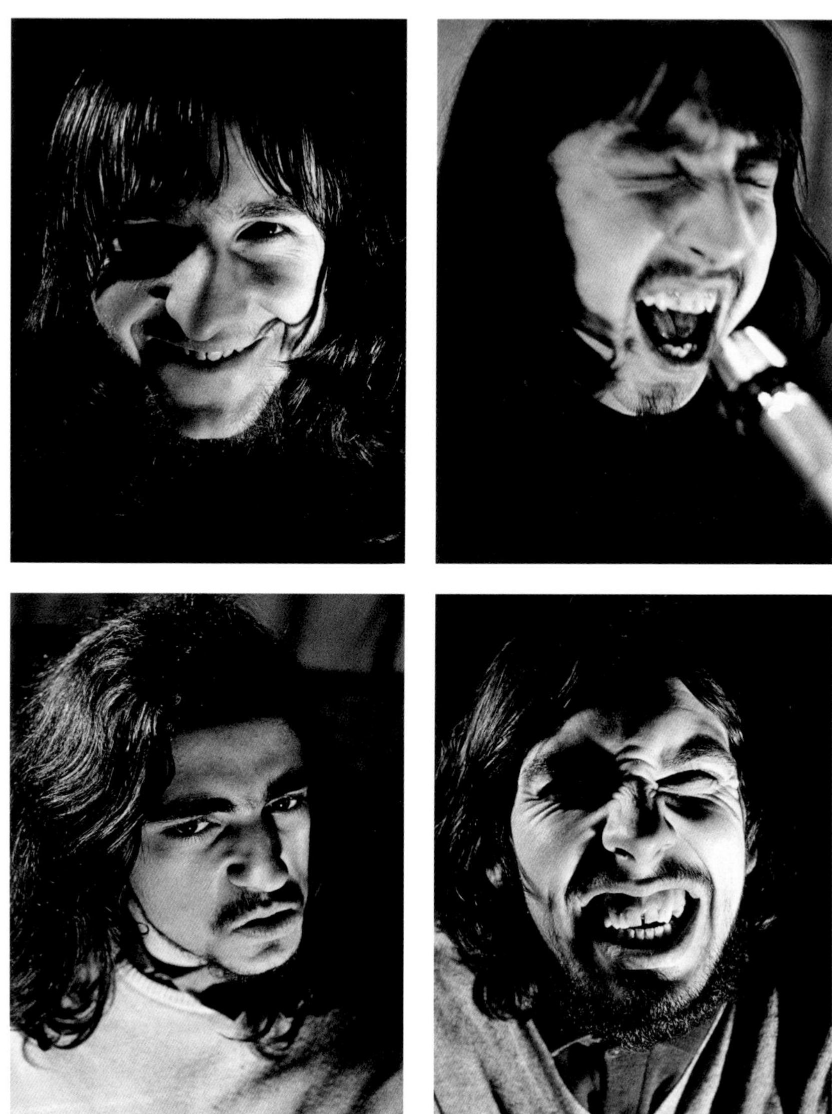

2 **From the series The Plastic People / z cyklu Plastic People (Josef Janíček, Michal Jernek, Jiří Števich, and Pavel Zeman)** 1969

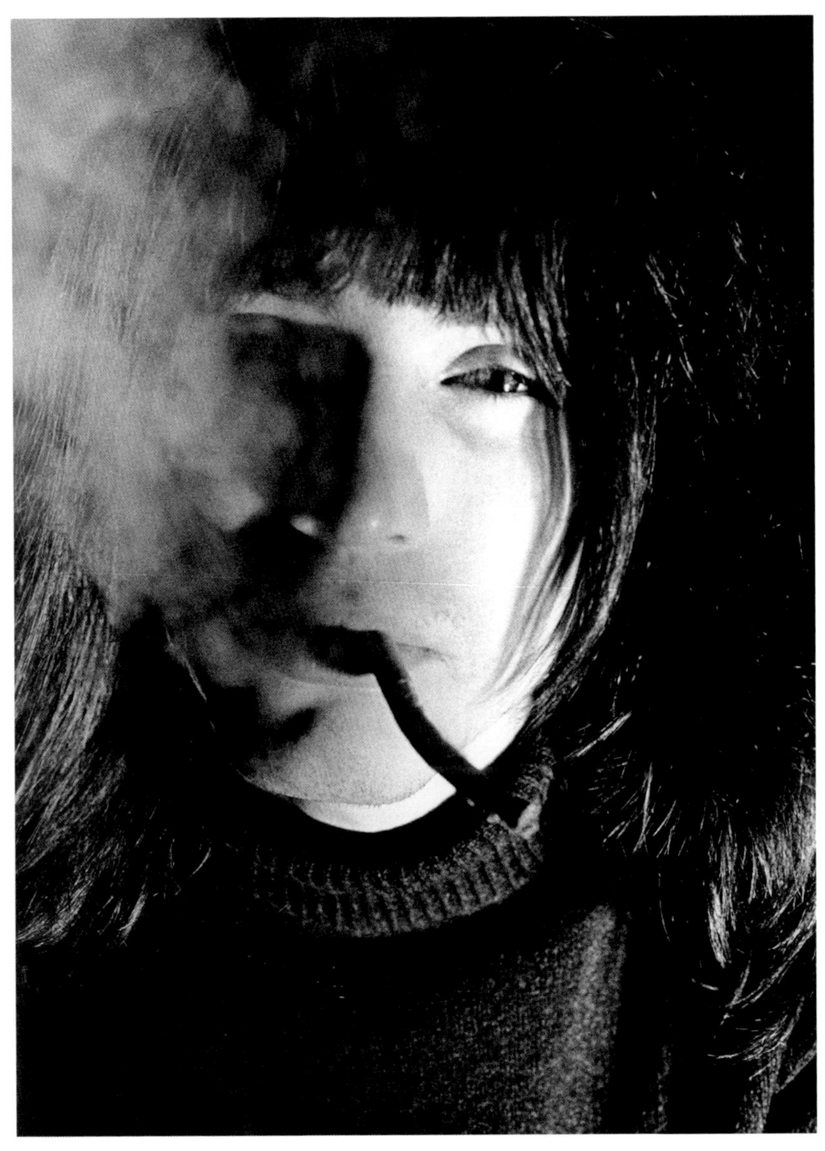

**3 From the series The Plastic People / z cyklu Plastic People
(Milan Hlavsa)** 1969

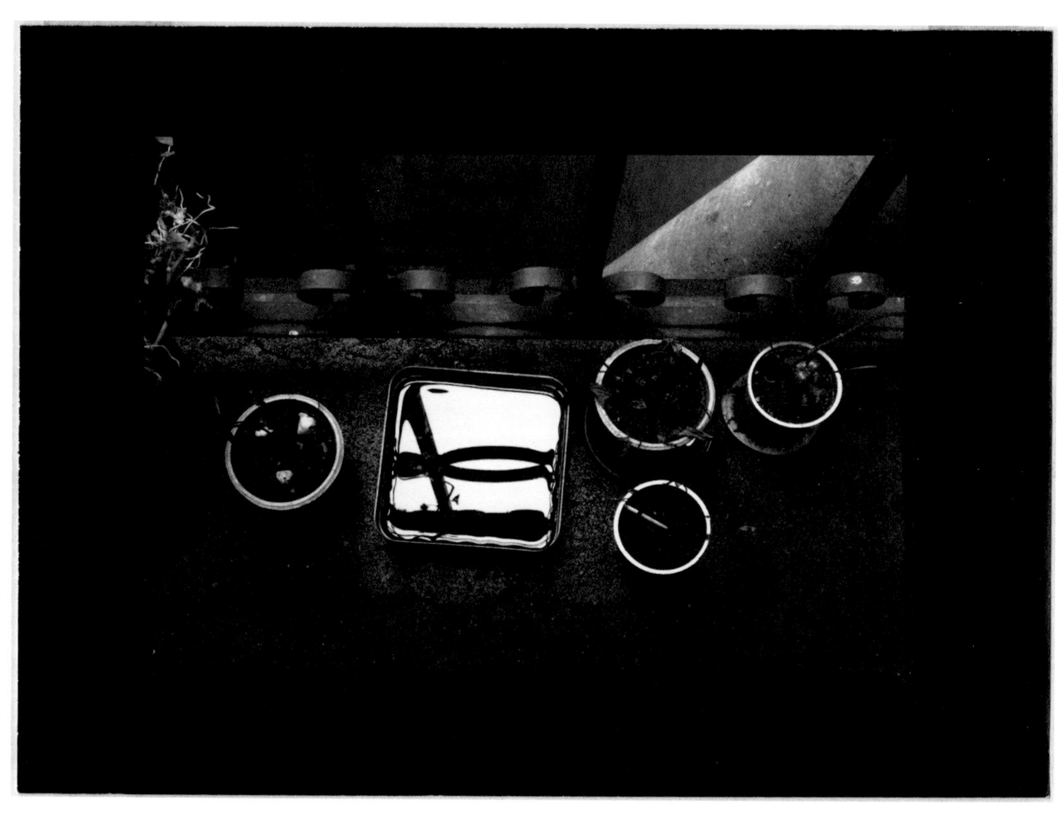

4 **From the Search and Seizure series / Z cyklu Domovní prohlídka** 1972

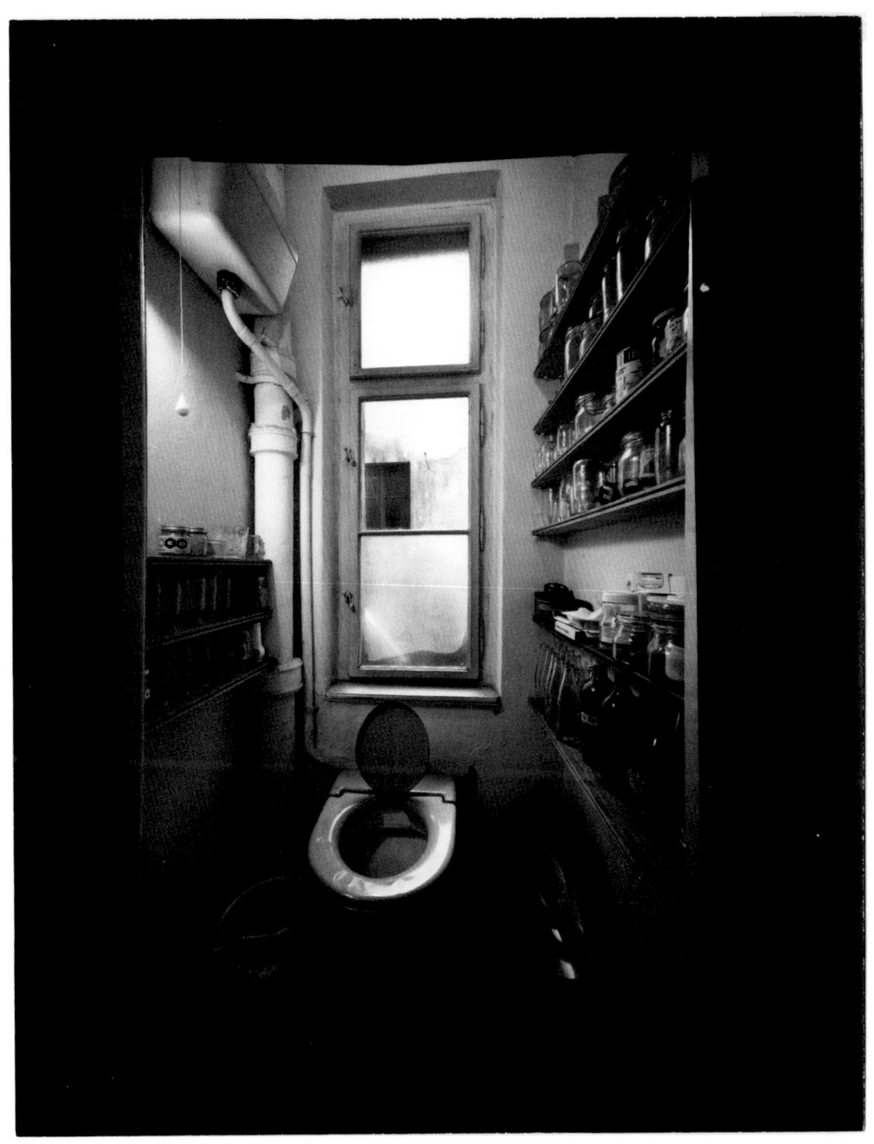

5 **From the Search and Seizure series / Z cyklu Domovní prohlídka** 1972

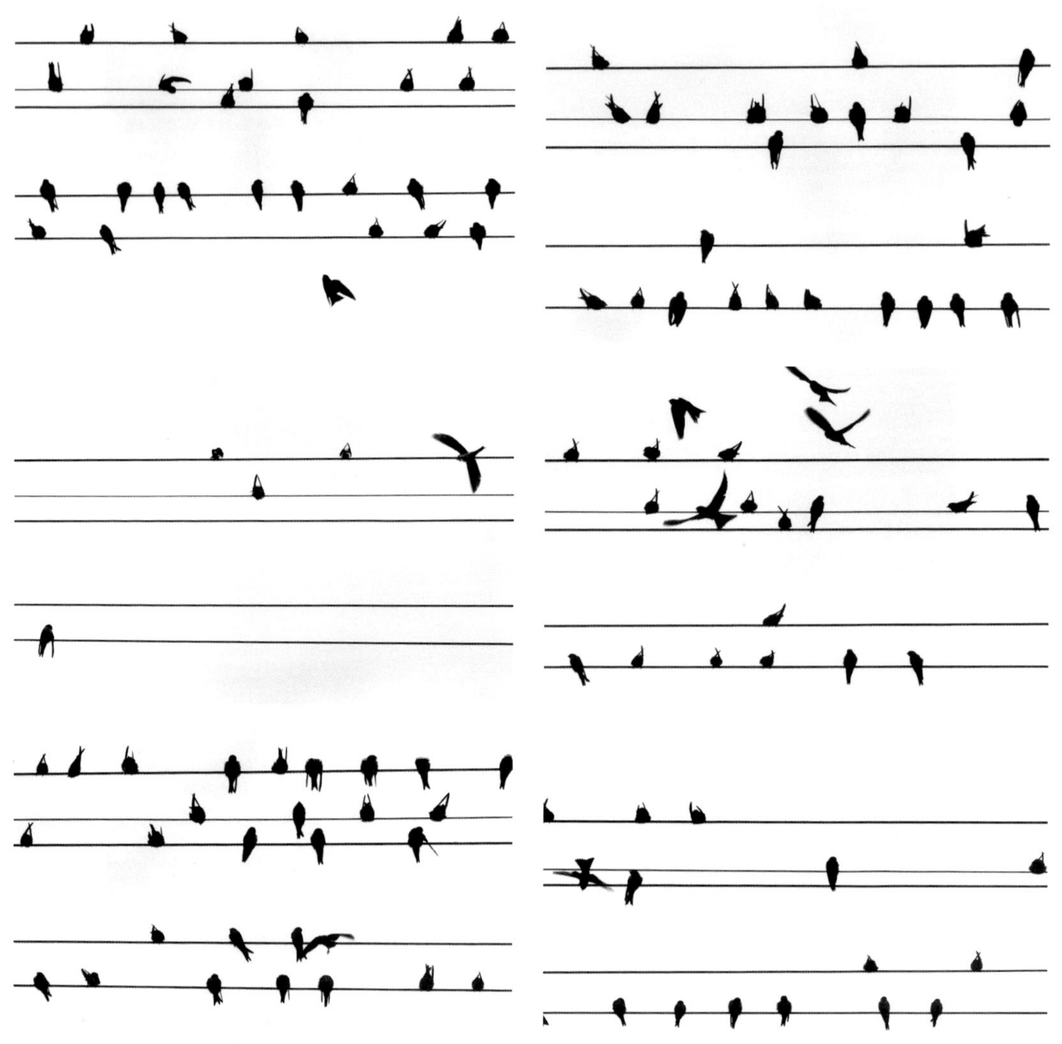

6 **From the Swallows series / Z cyklu Vlaštovky** 1975

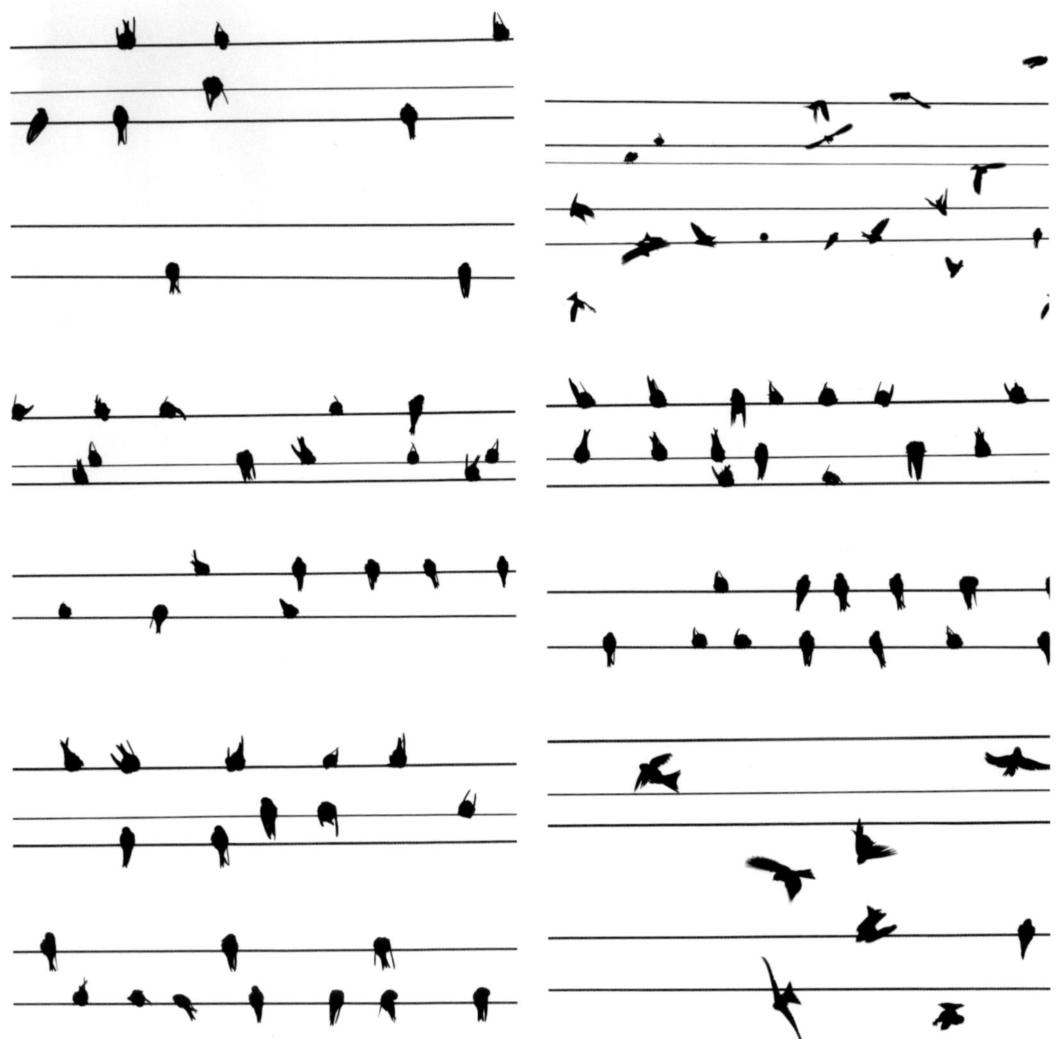

THE BALTIC / BALT

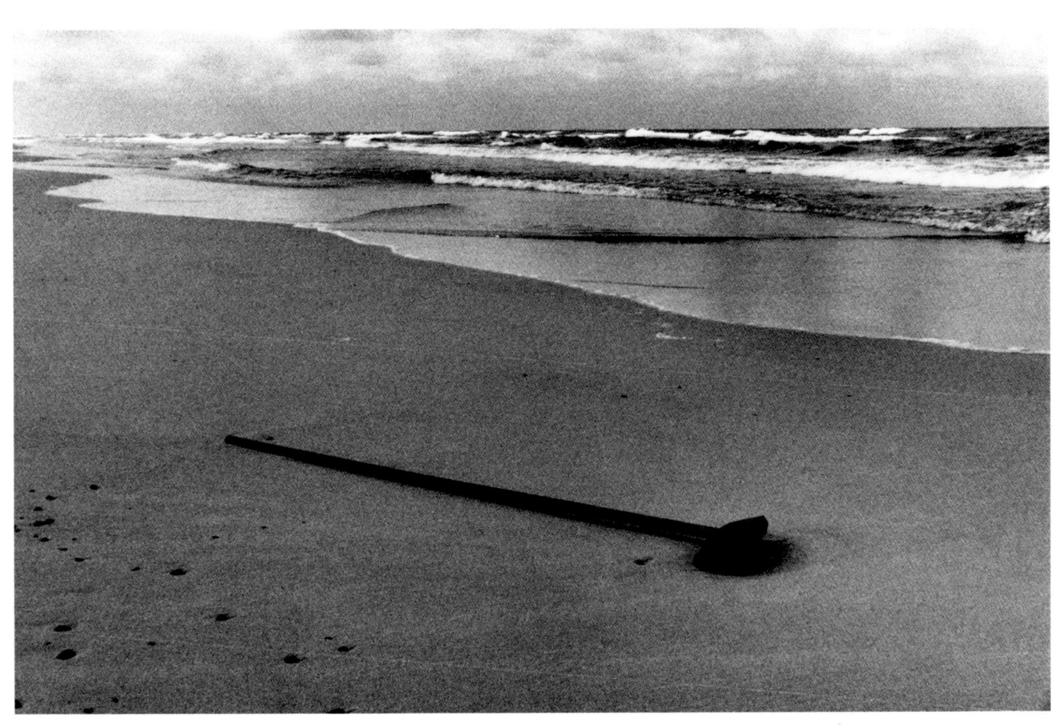

7 **Łeba** 1980

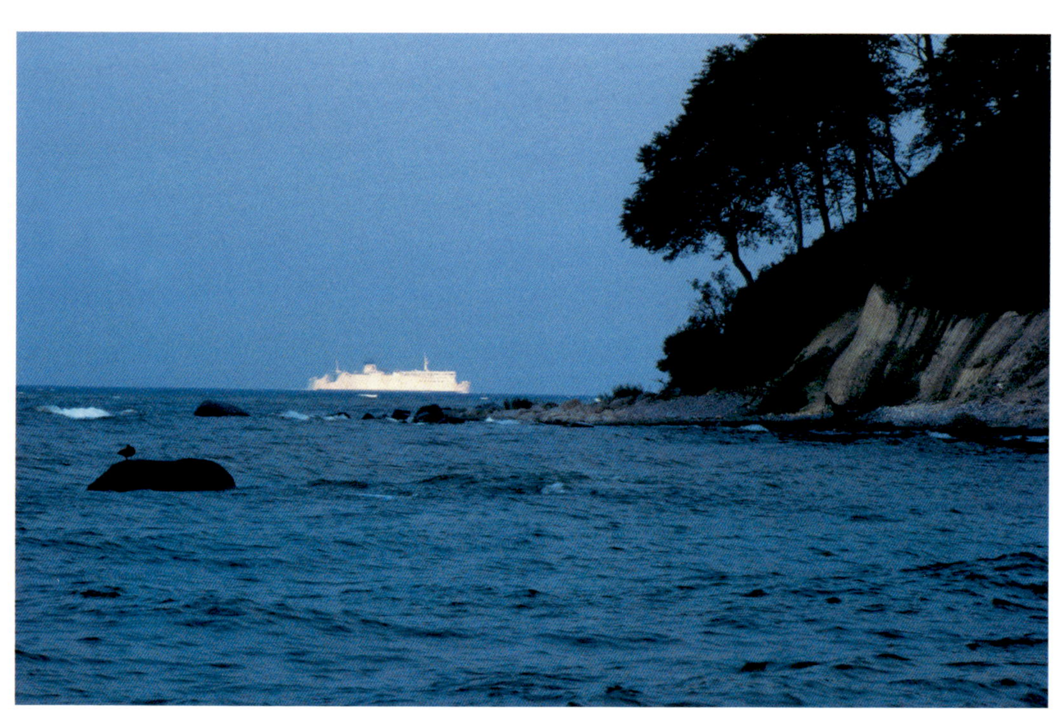

8 **Stubbenkammer** 1981

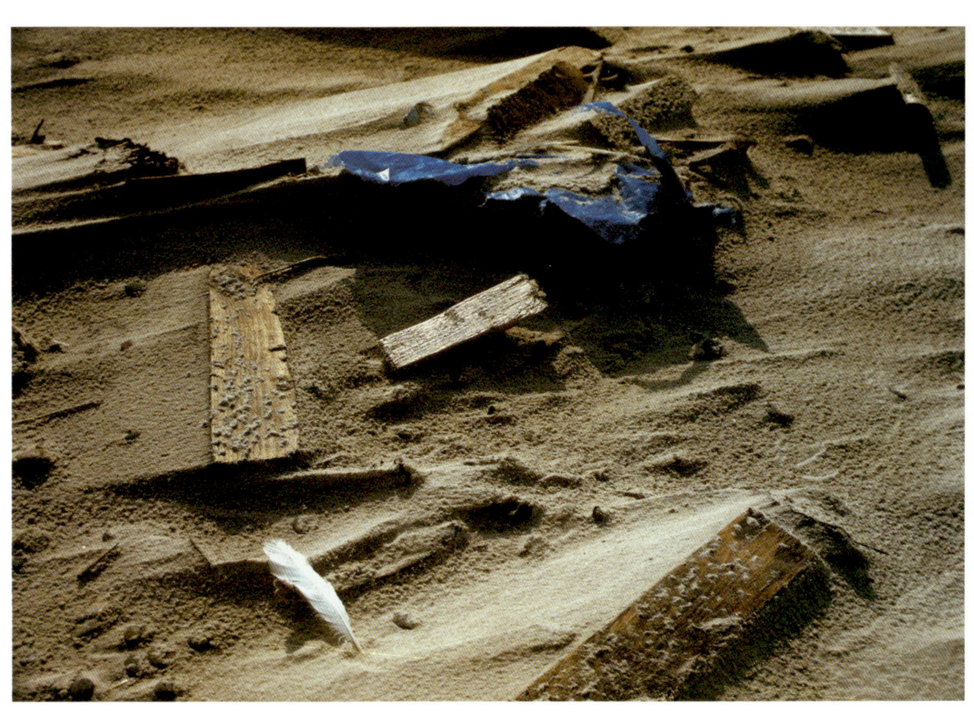

9 **Łeba** 1980

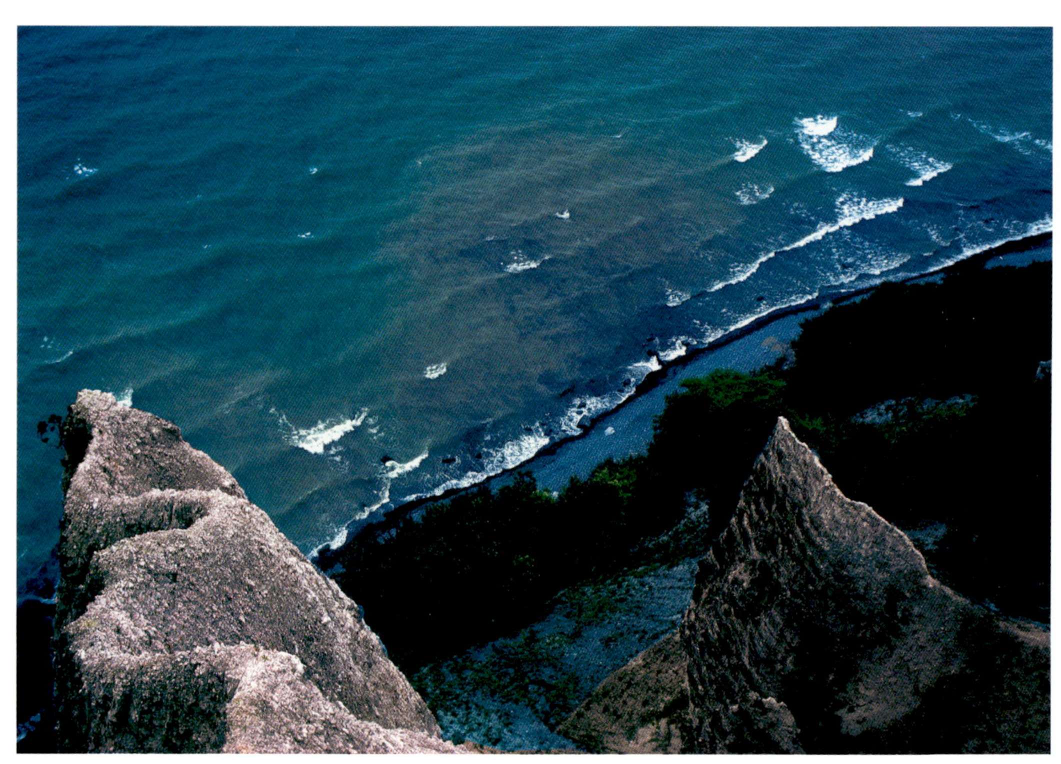

10 **Stubbenkammer** 1981

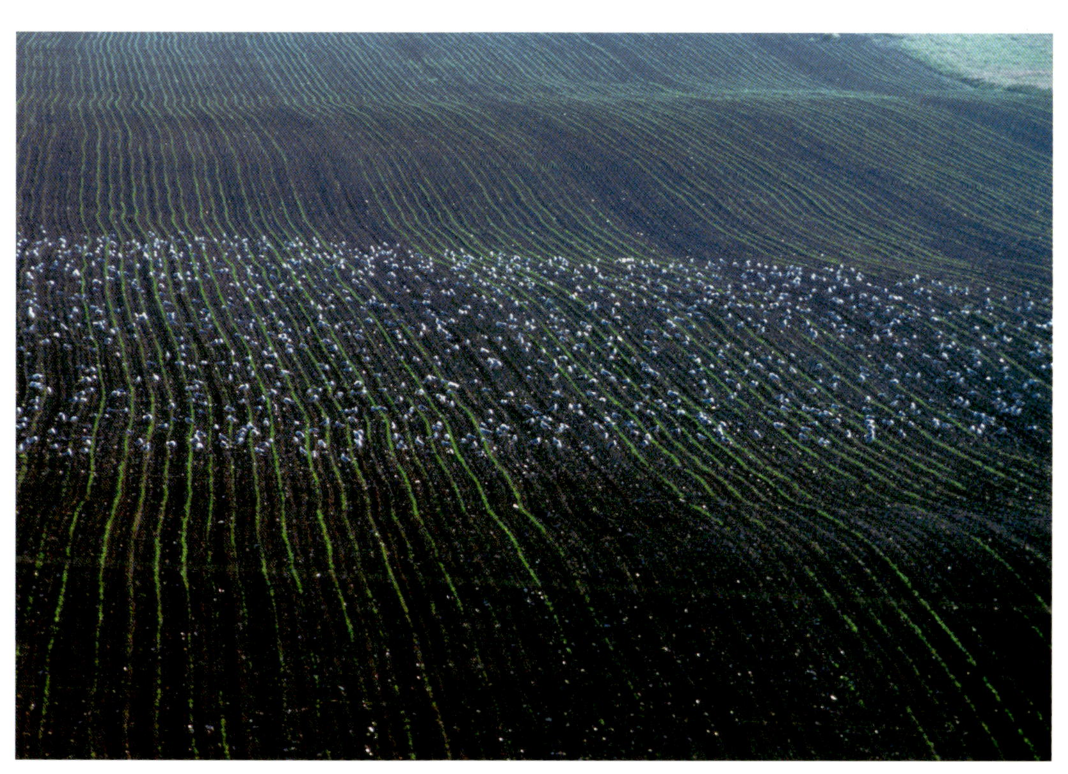

11 **Cape Arkona / Arkona** 1986

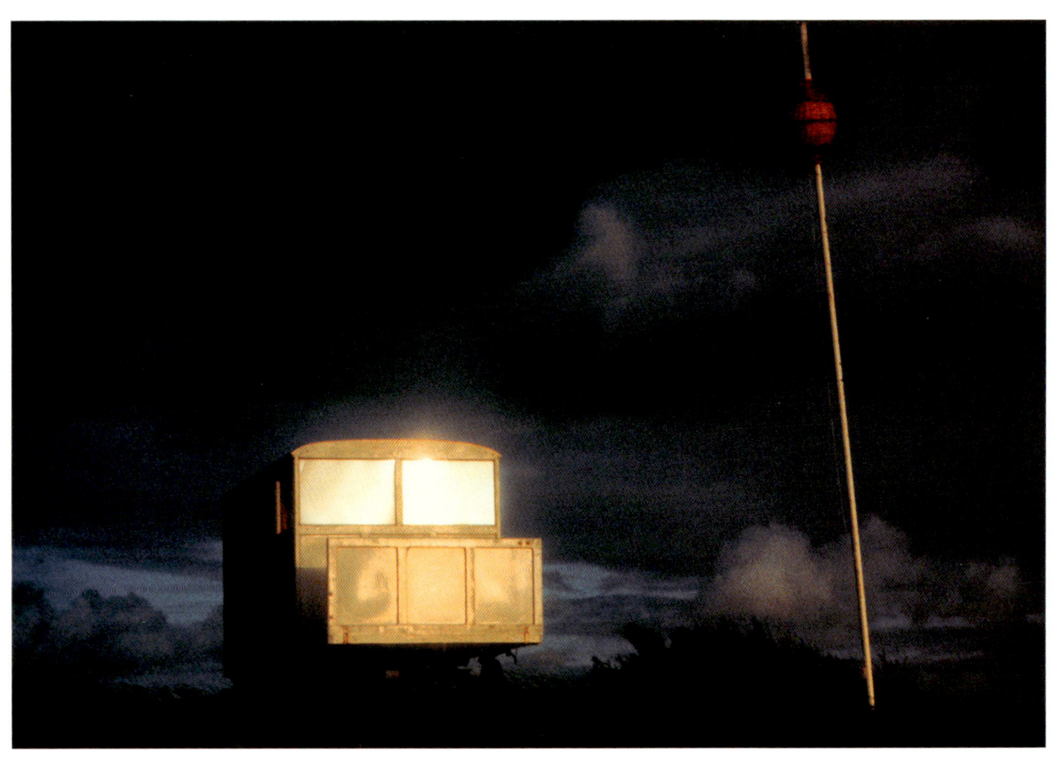

12 **Darß** 1984

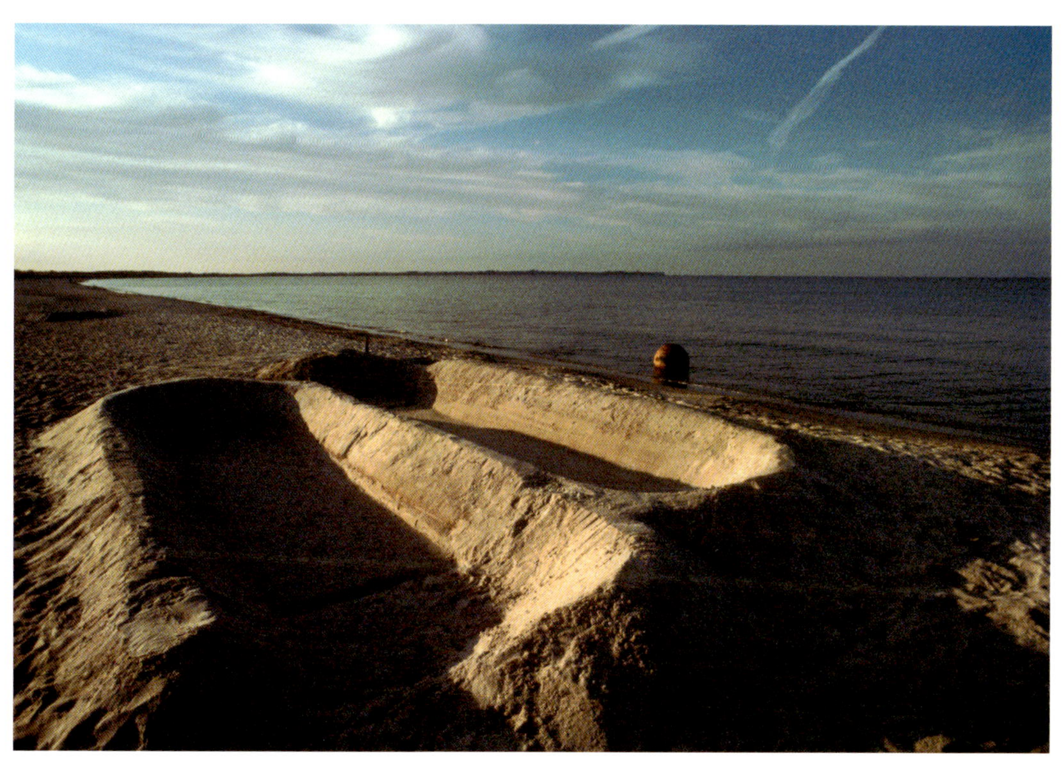

13 **Breege** 1981

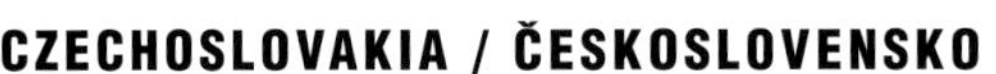

CZECHOSLOVAKIA / ČESKOSLOVENSKO

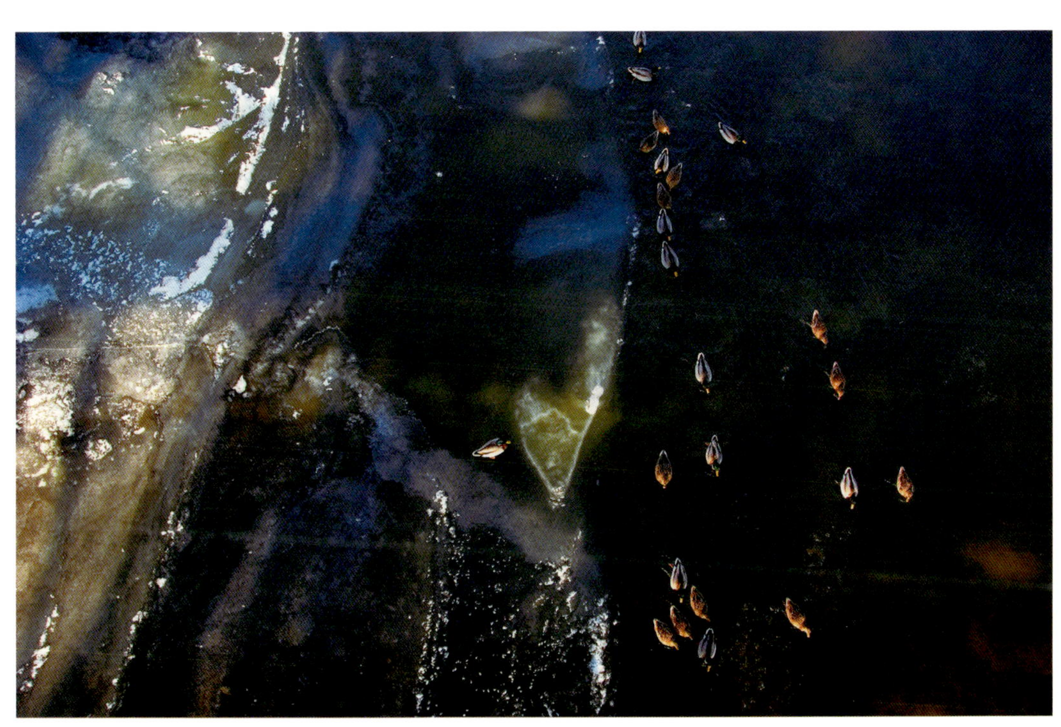

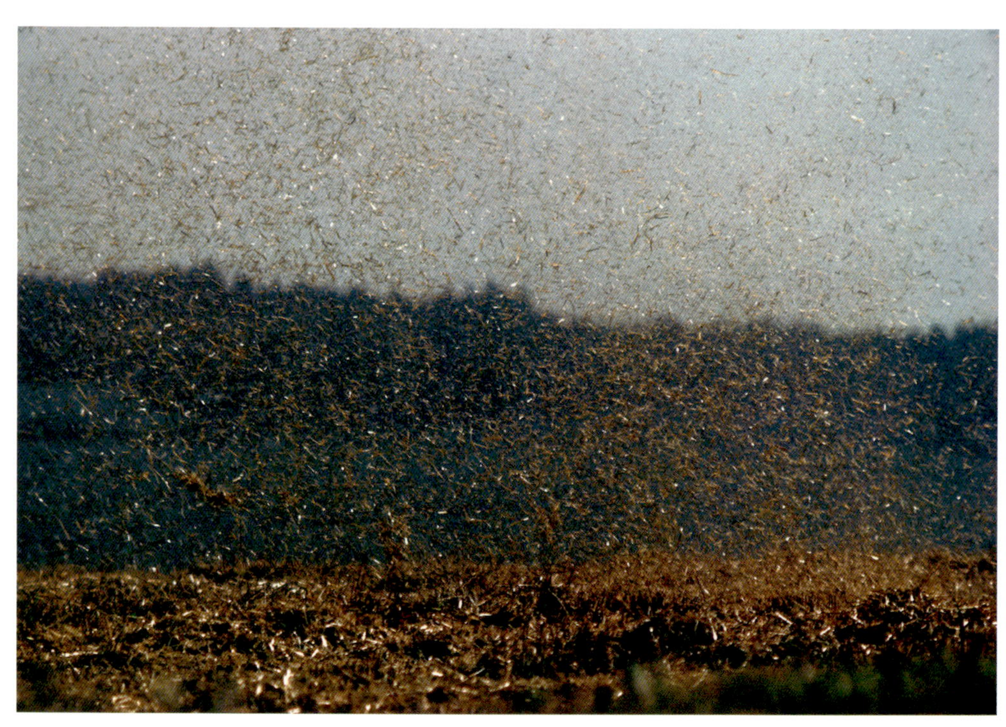

15 **Křížov** 1985

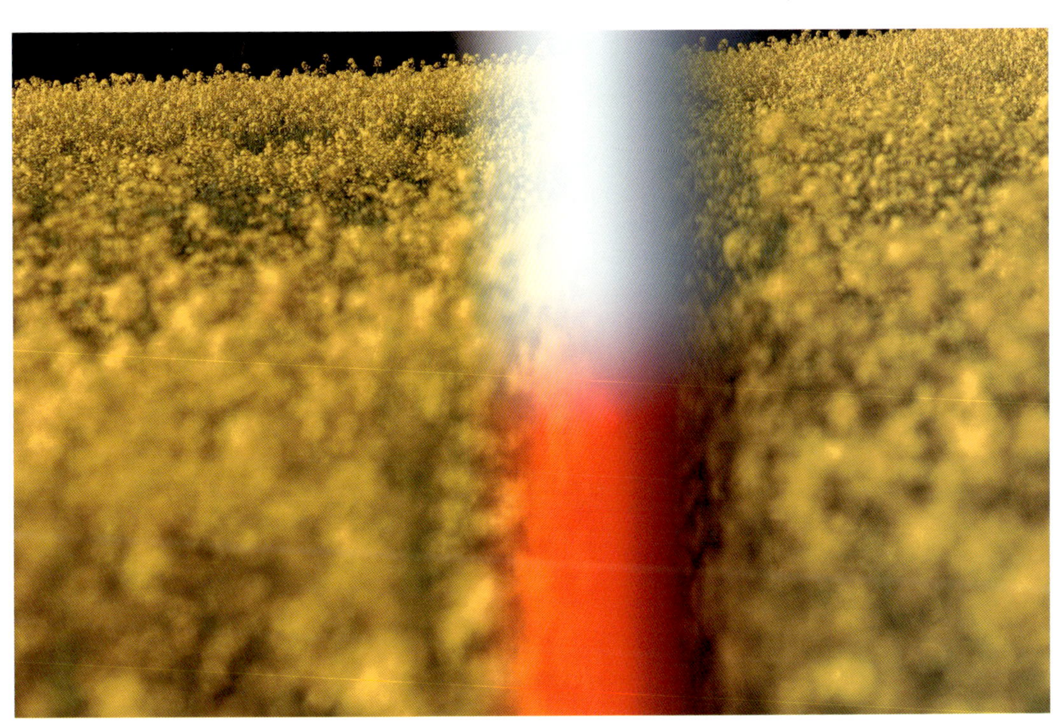

16 **Pavlov** 2006

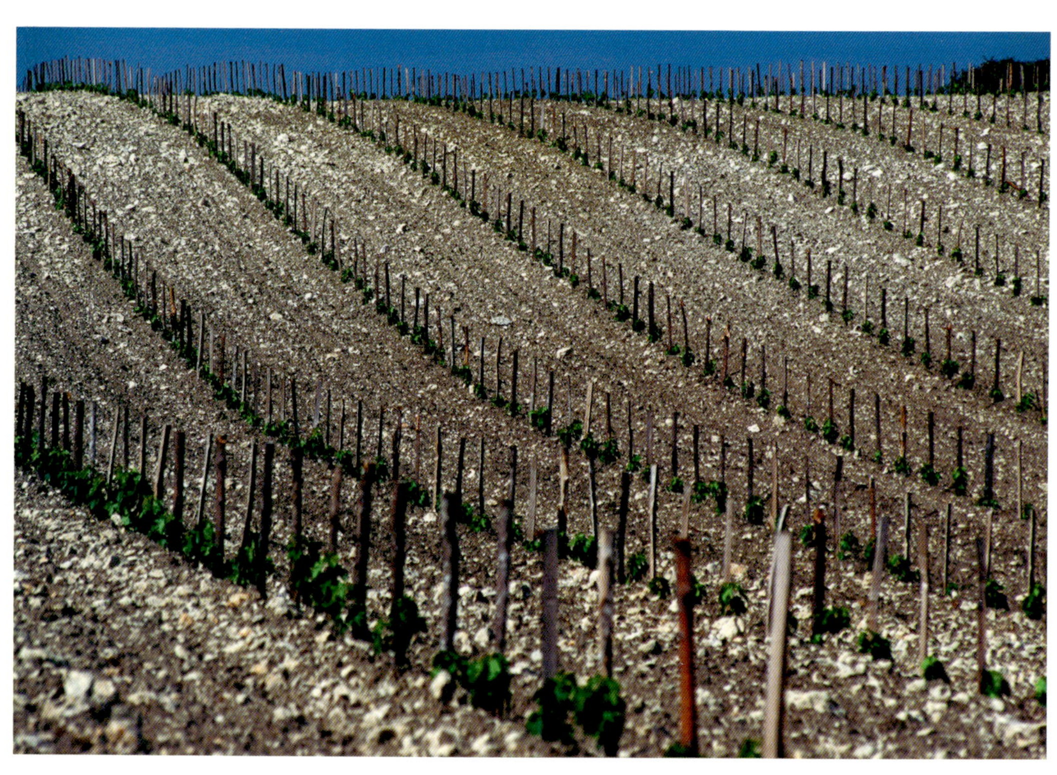

17 **South Moravia / Jižní Morava** 1983

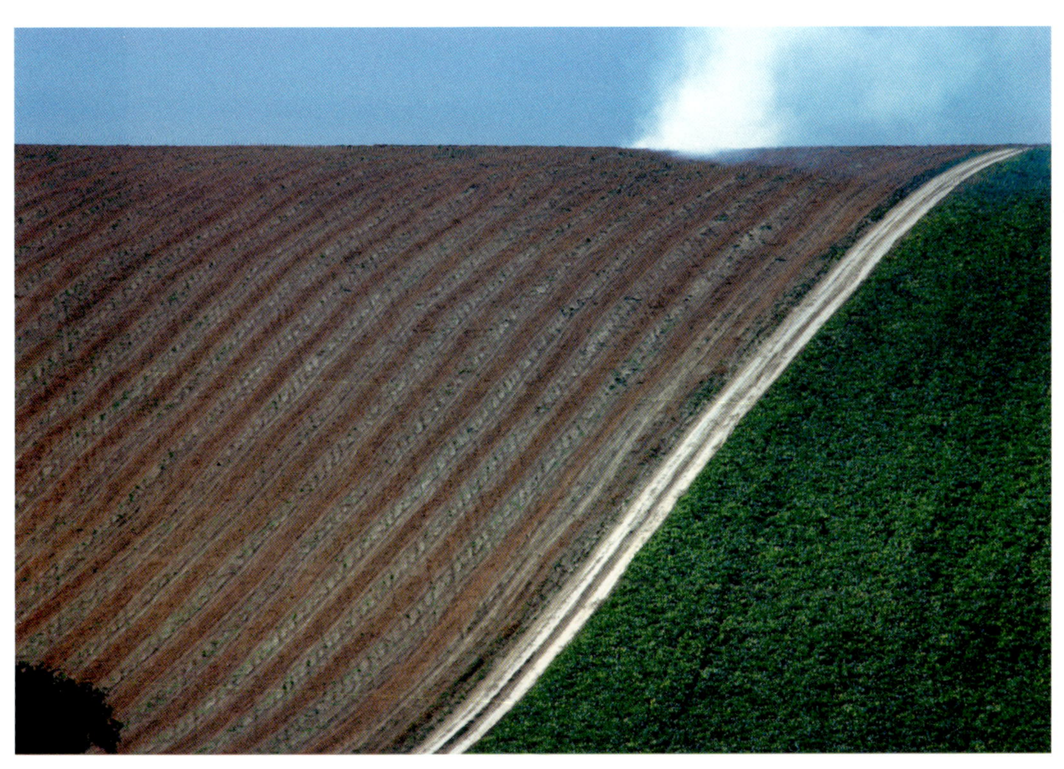

18 **Mouřínov** 1985

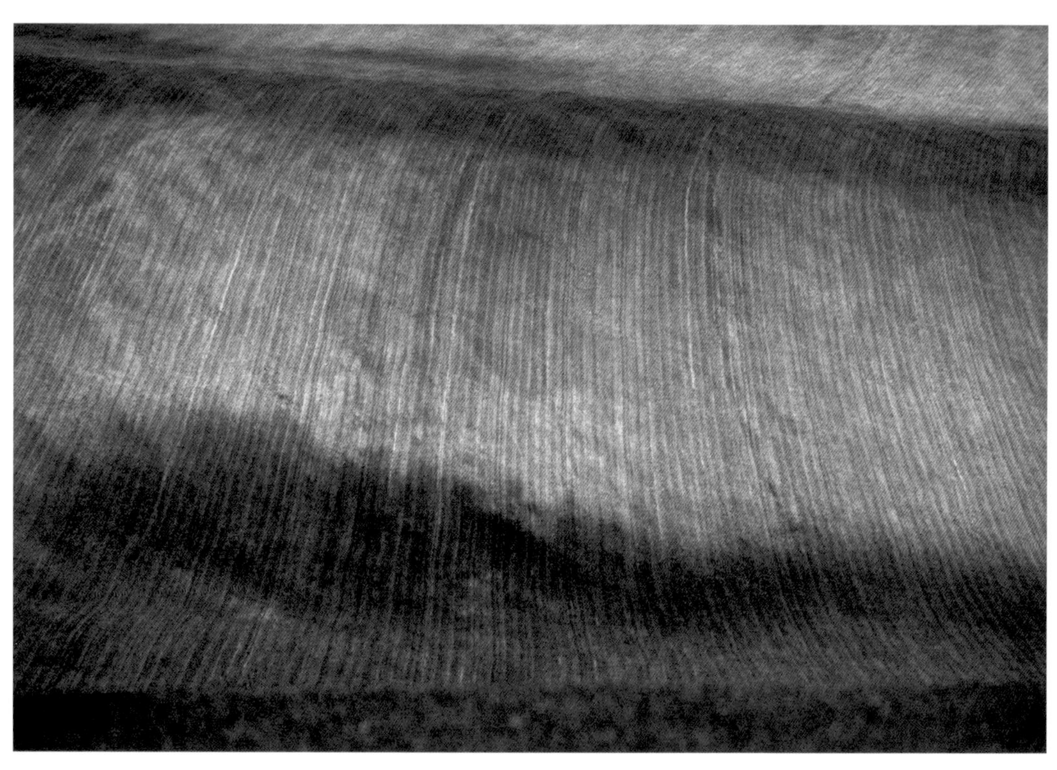

19 **South Moravia / Jižní Morava** 1985

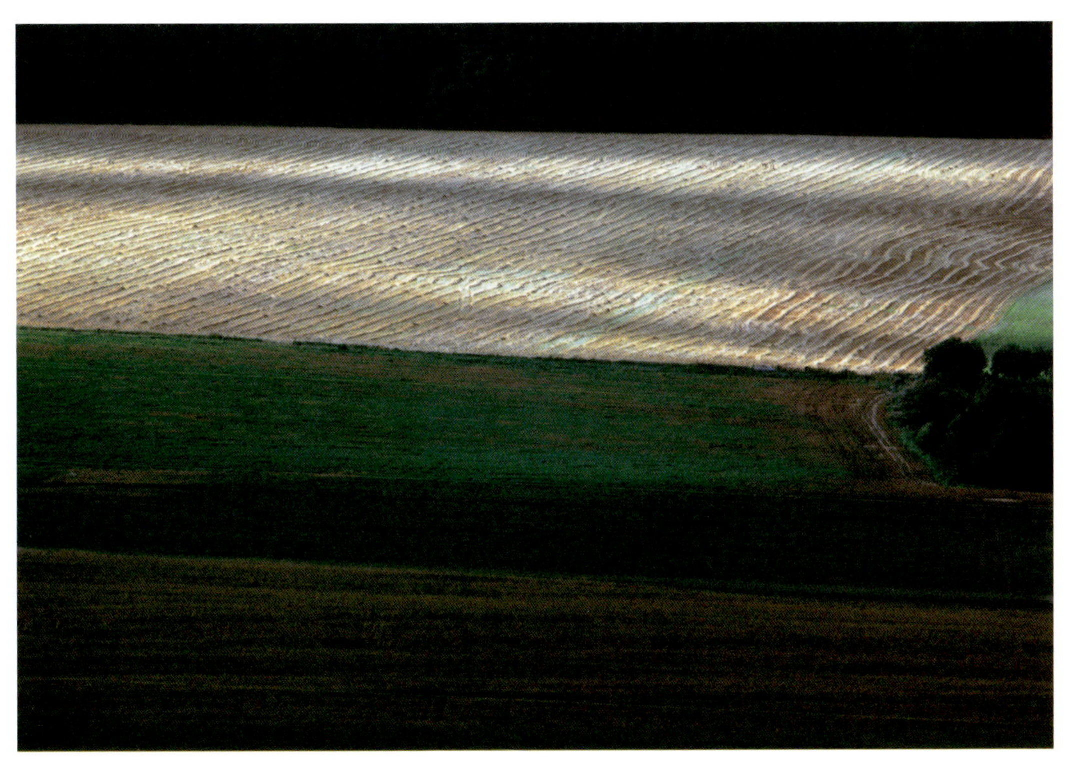

20 **Křížov** 1984

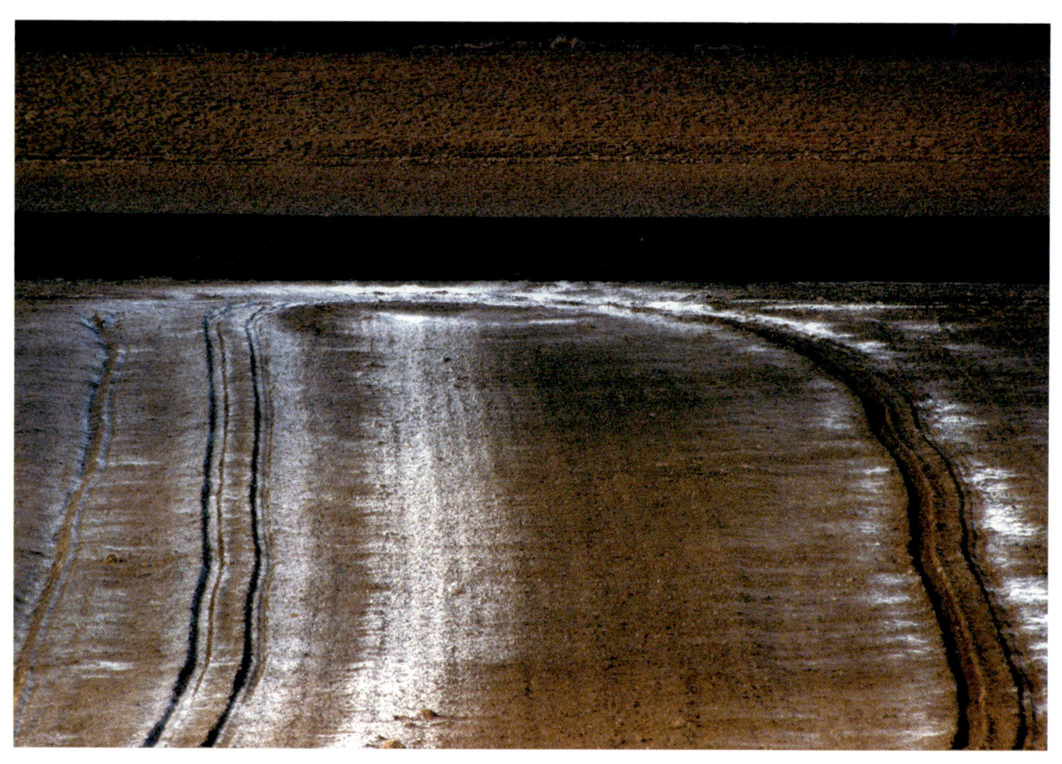

21 **Křížov** 1985

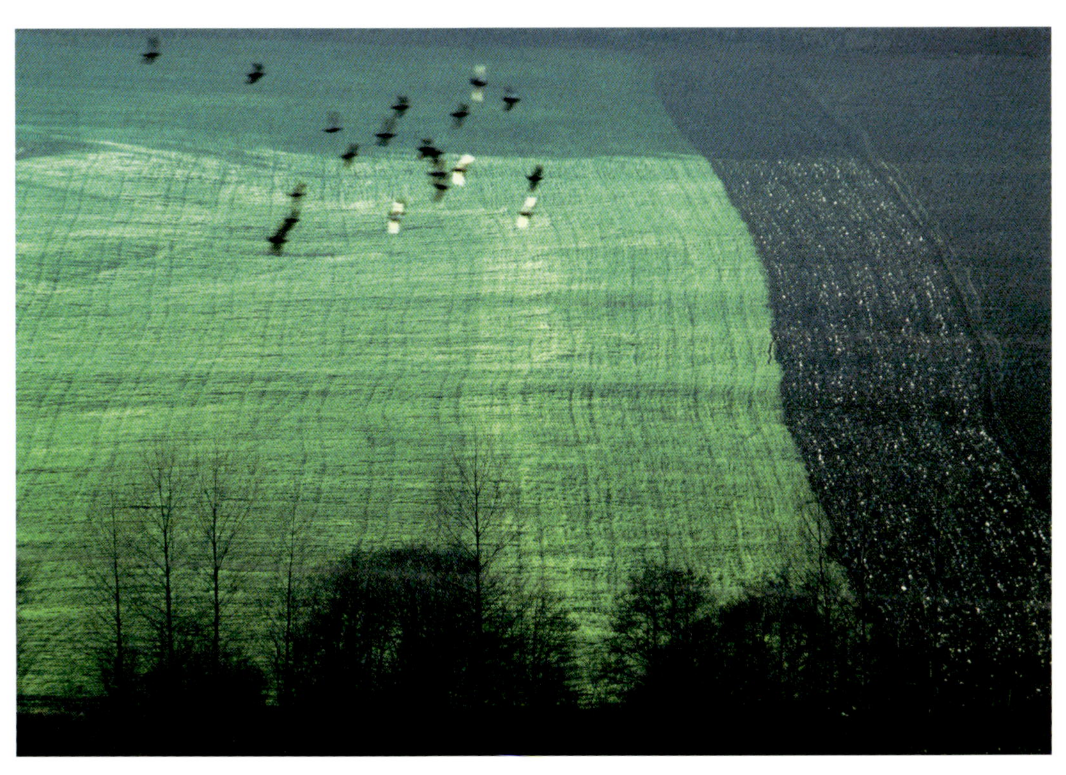

22 **Křížov** 1981

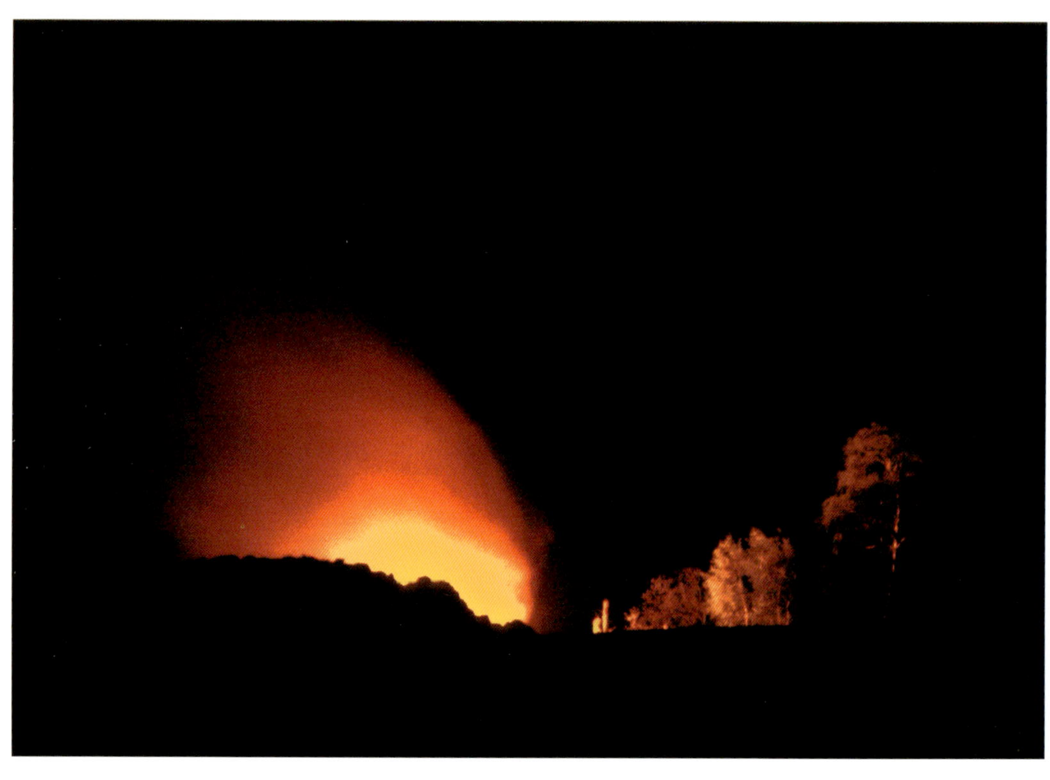

23 **Křížov** 1984

24 **Křížov** 1982

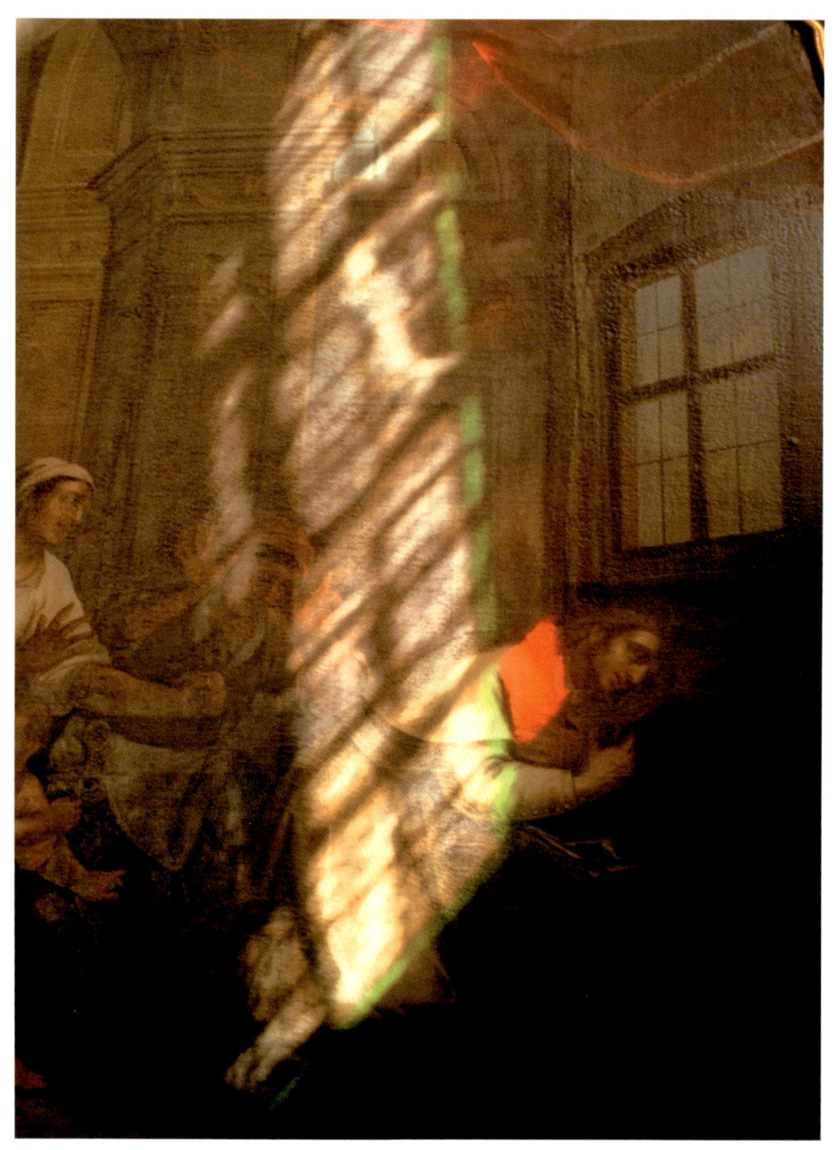

25 **Milevsko** 1985

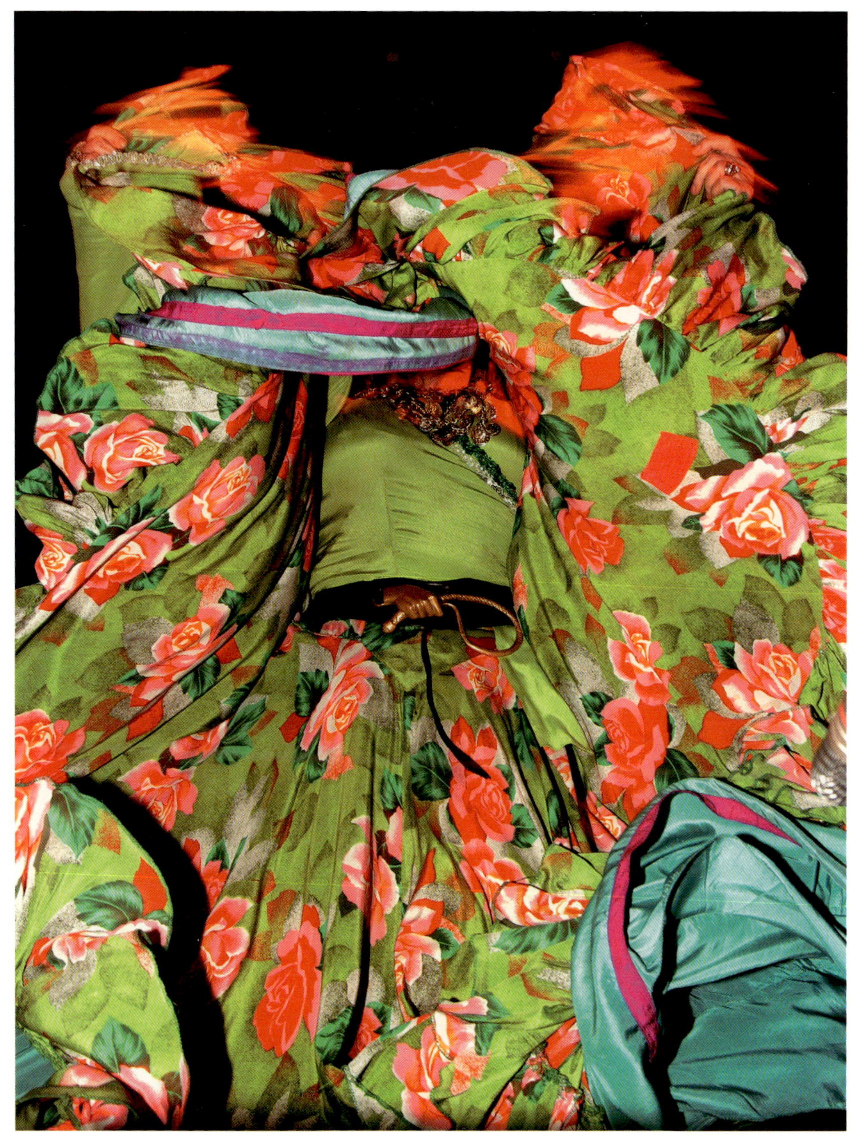

26 **Khamoro Roma Festival / Romský festival Khamoro** 2005

PROVENCE

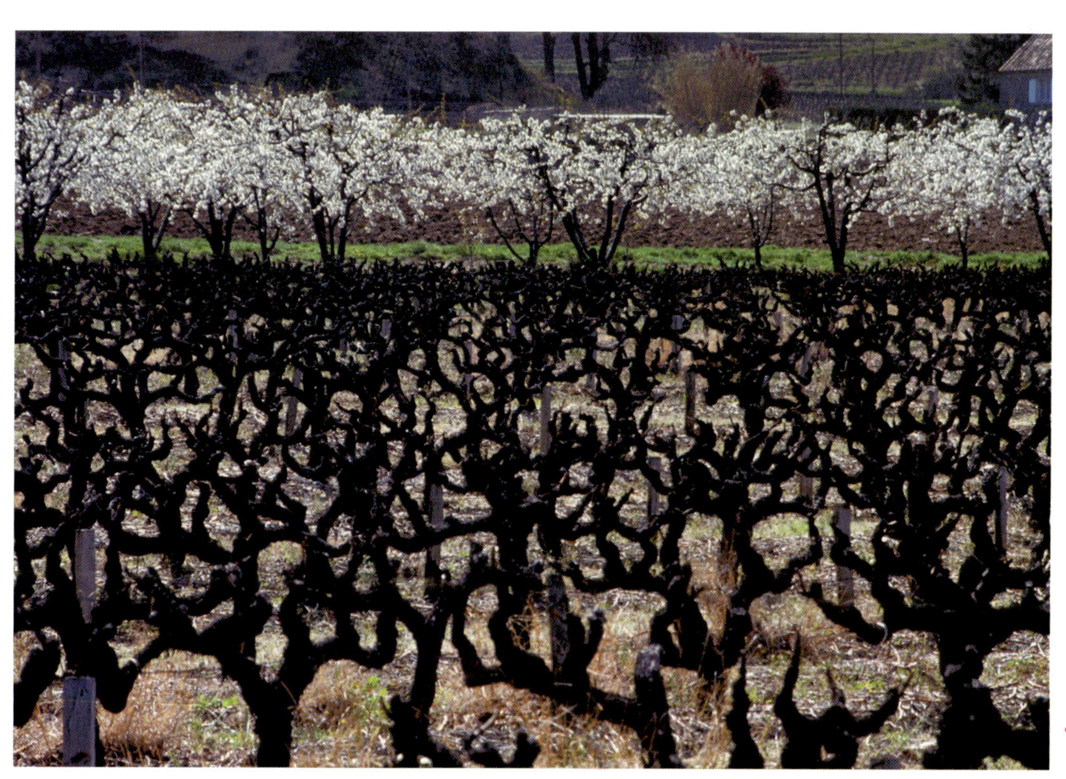

27 **Narbonne** 1991

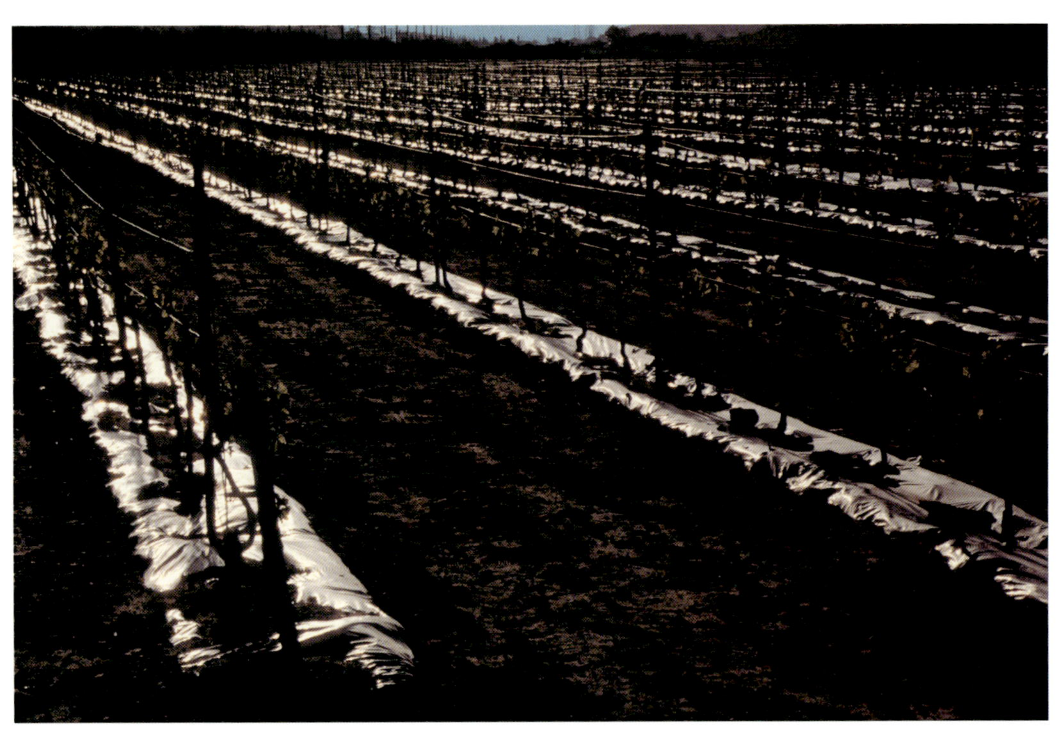

28 **Narbonne** 1991

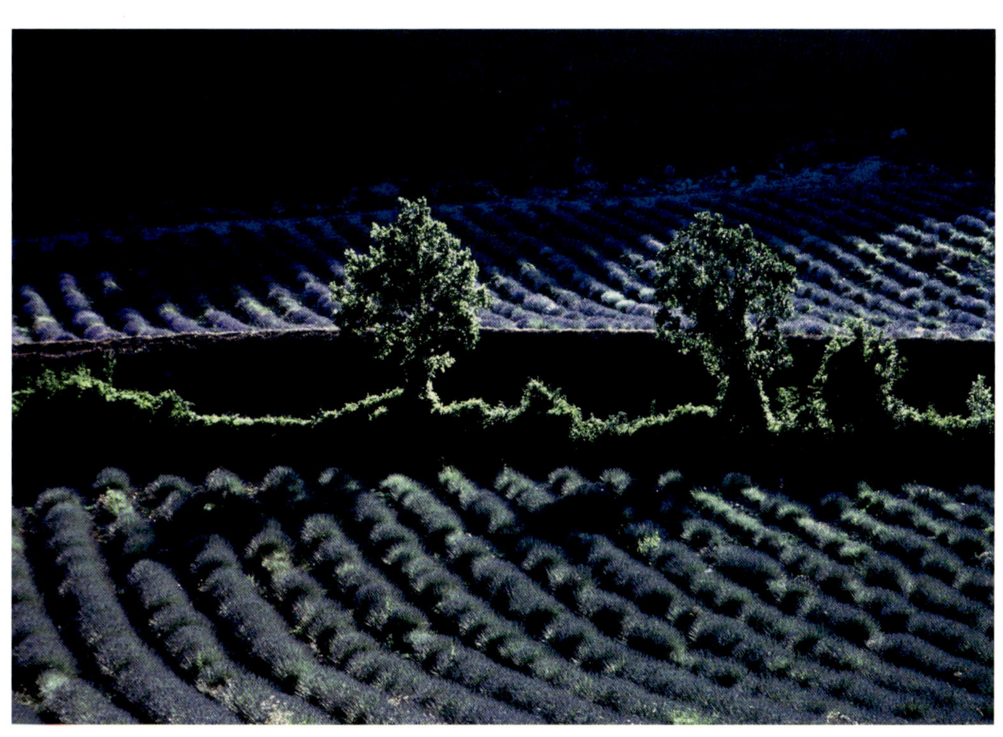

29 **Valensole** 1991

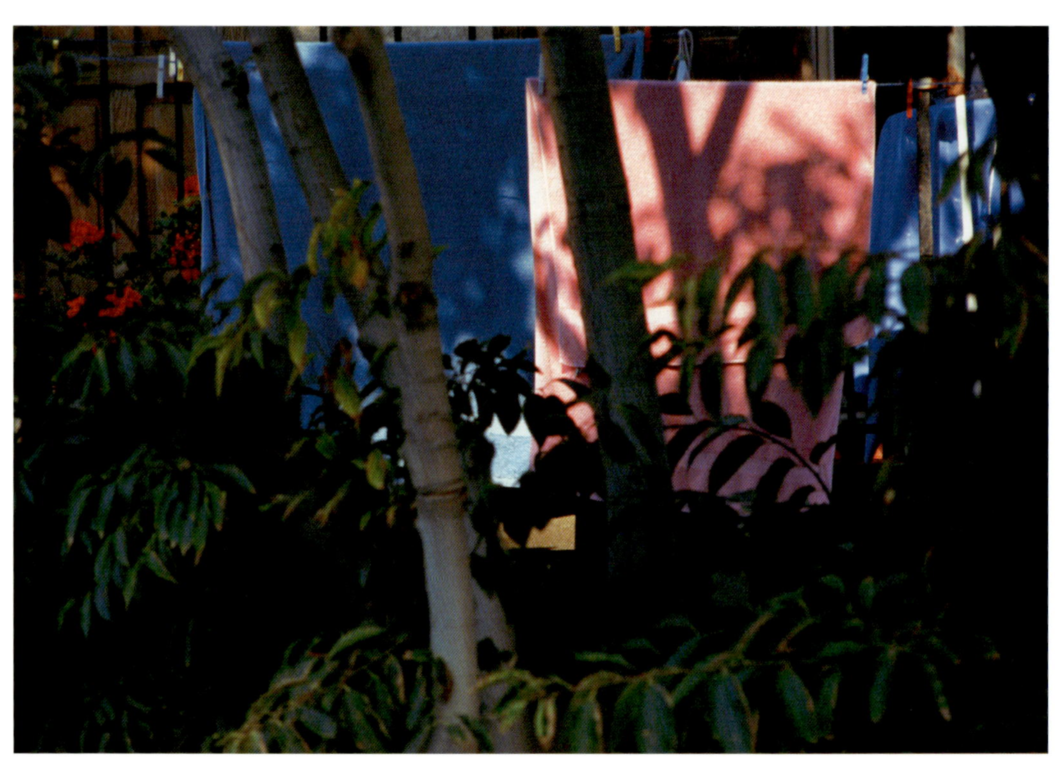

30 **Antibes** 1988

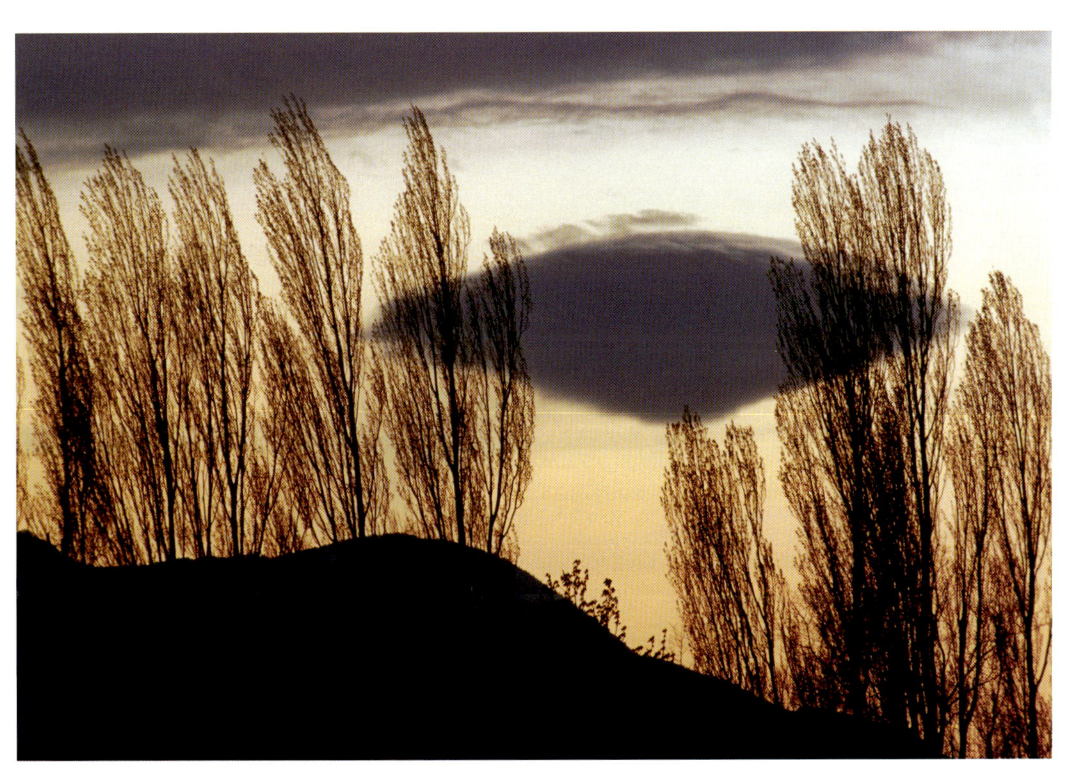

31 **Provence** 1992

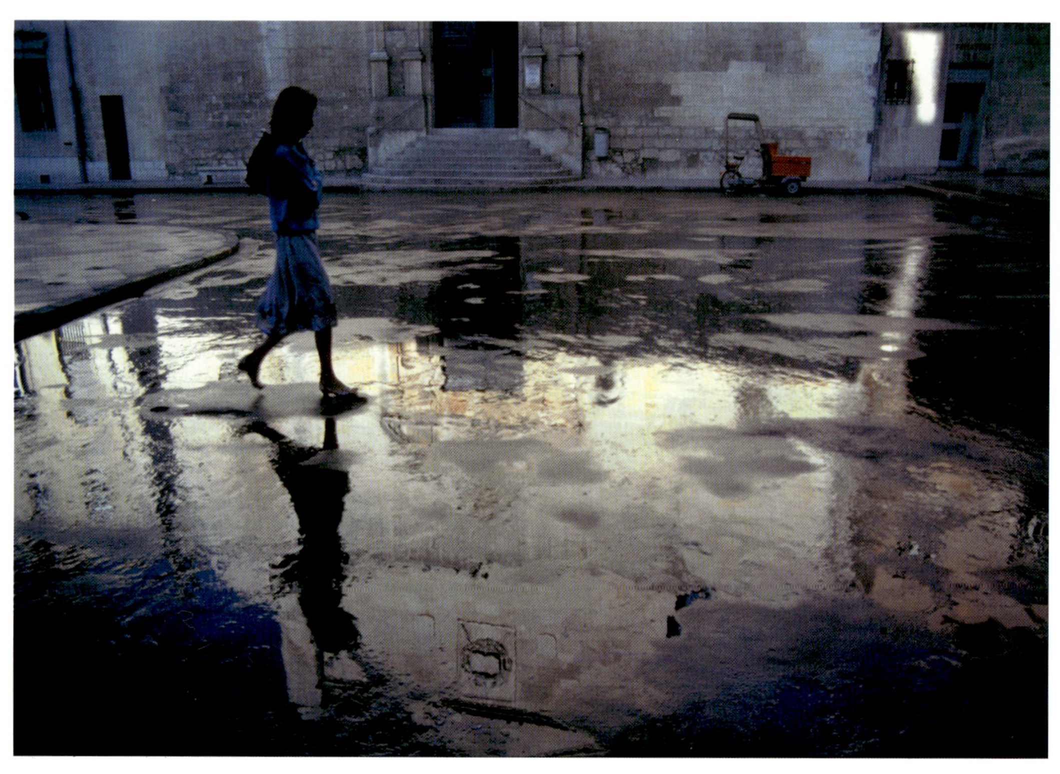

32 **Arles** 1983

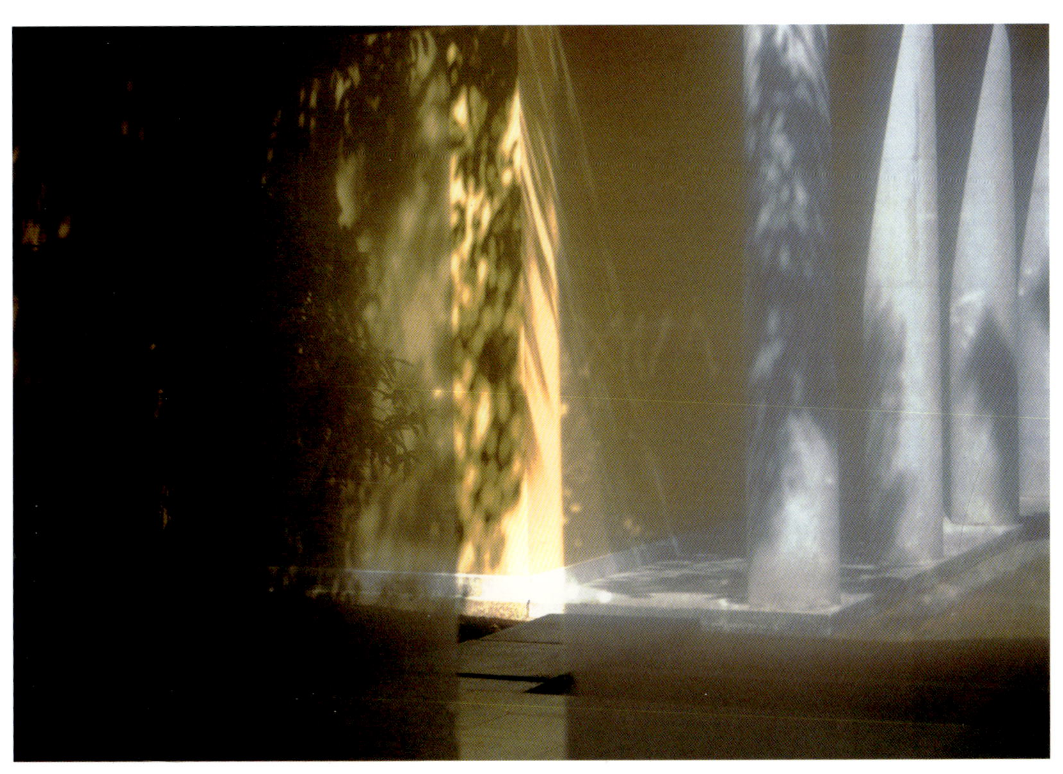

33 **Nice** 1991

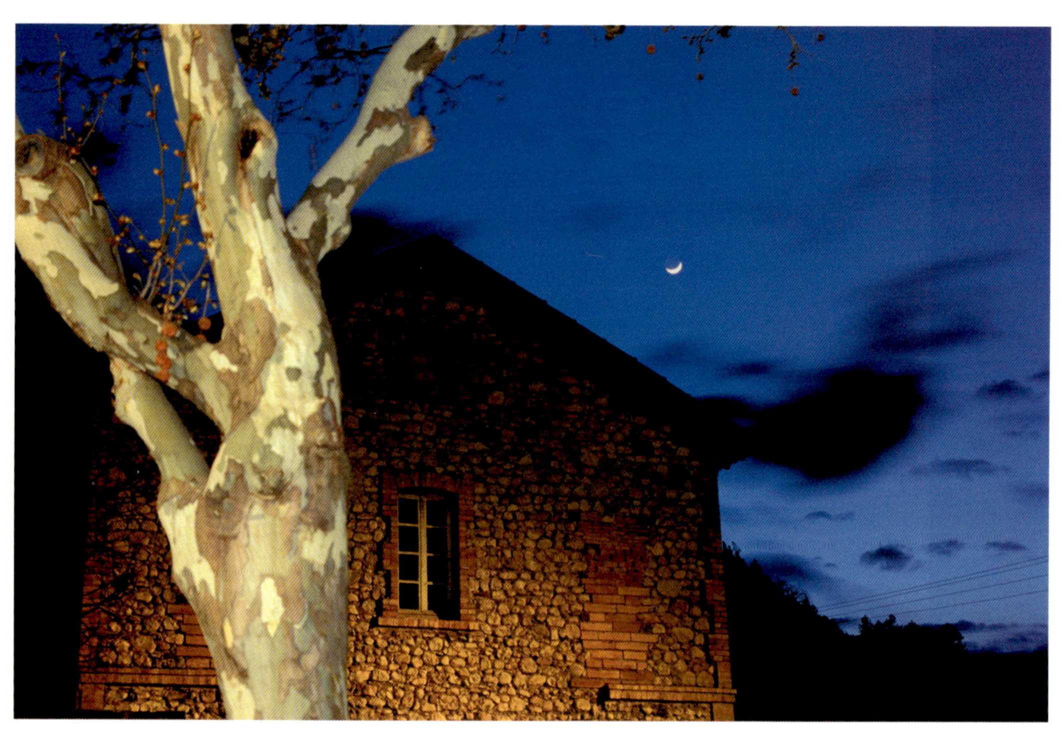

34 **Provence** 1983

35 **Abbaye de Sénanque** 1988

GERMANY / NĚMECKO

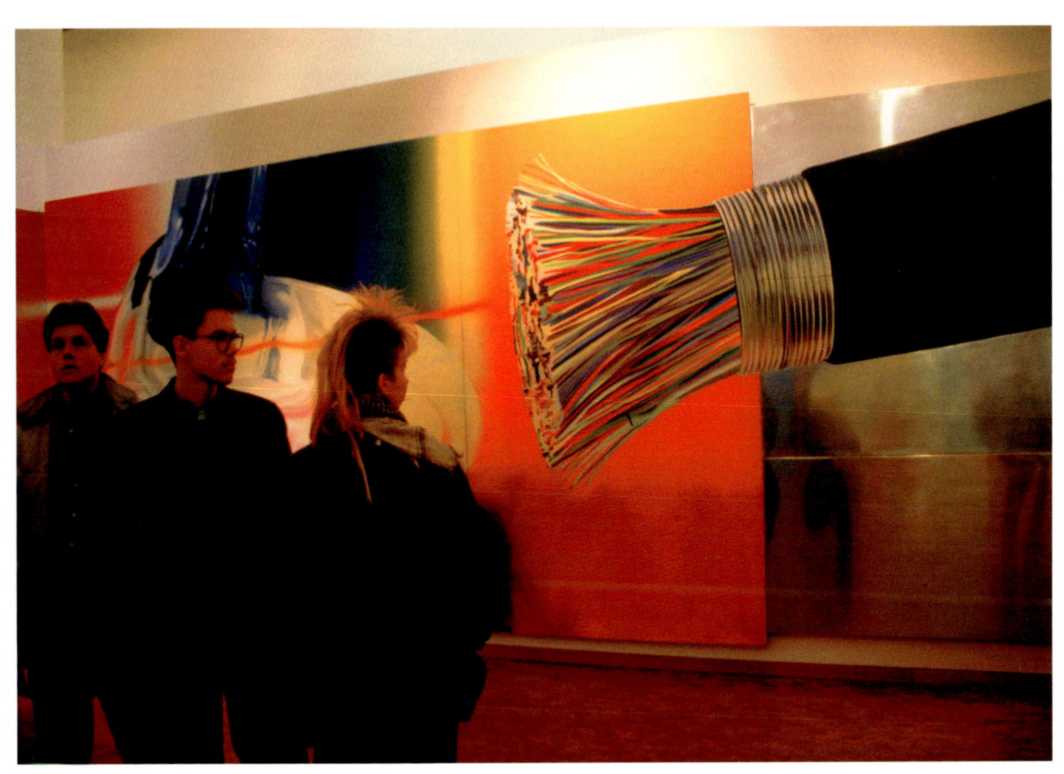

36 **Cologne / Kolín nad Rýnem** 1989

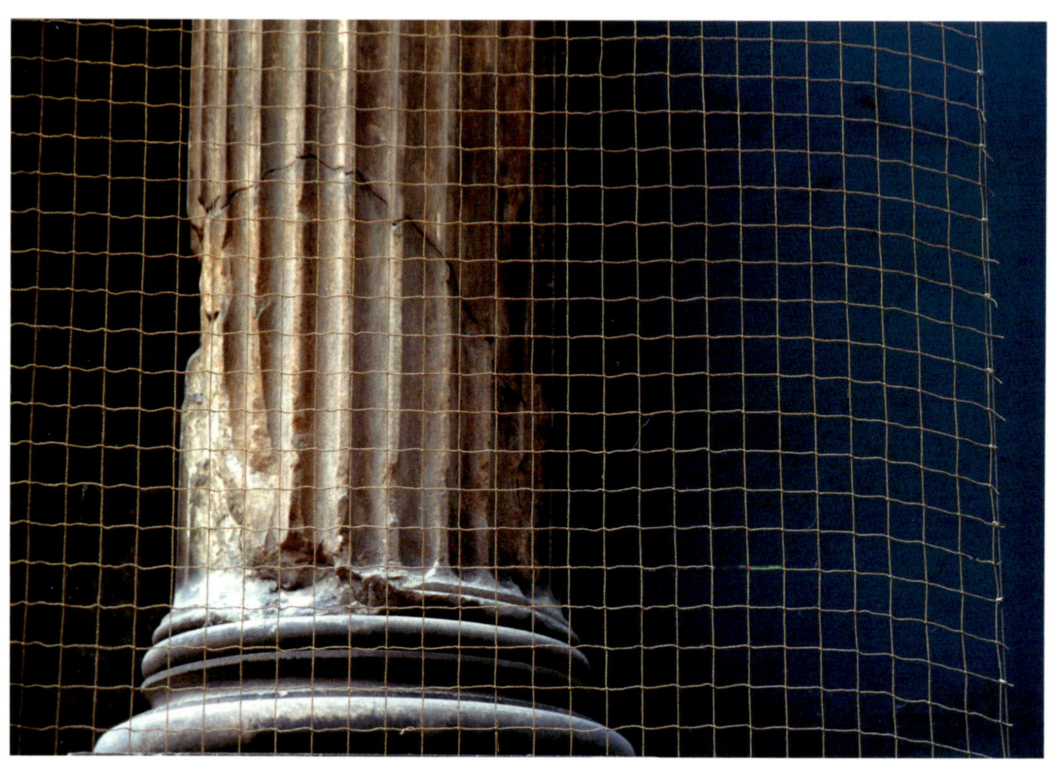

37 **Berlin / Berlín** 2001

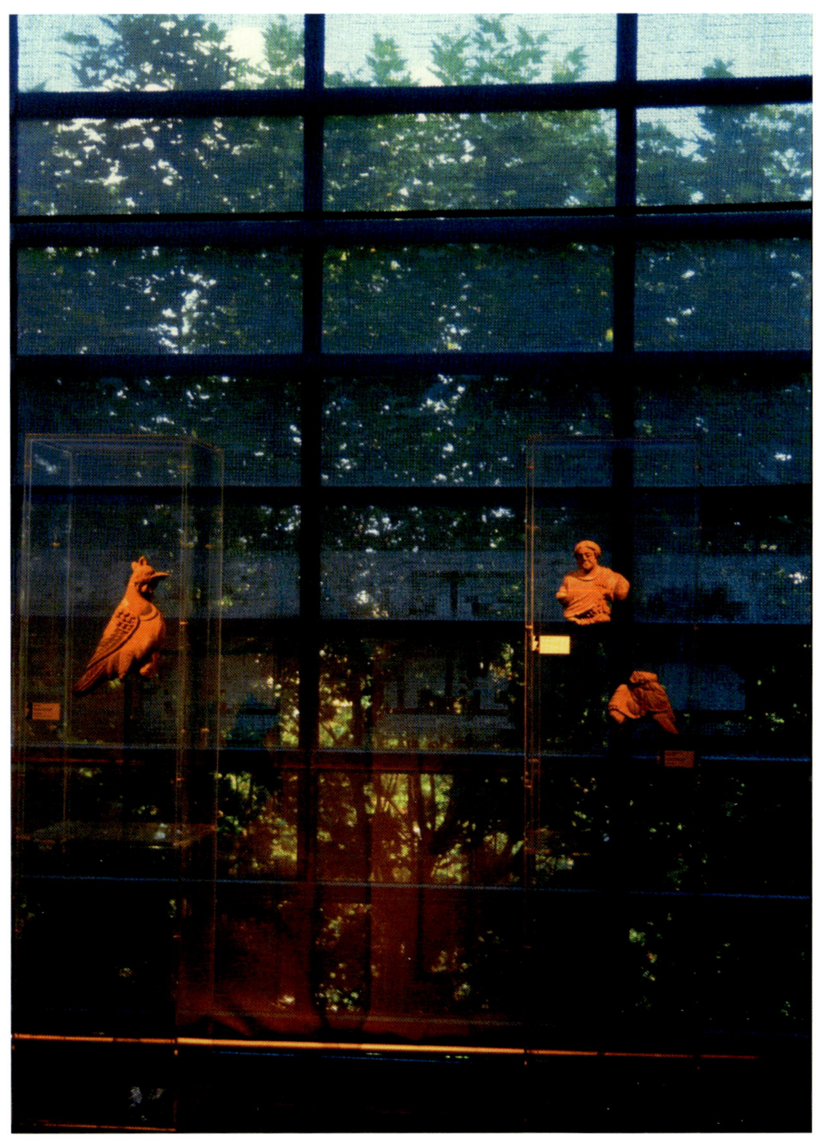

38 **Frankfurt am Main / Frankfurt nad Mohanem** 1985

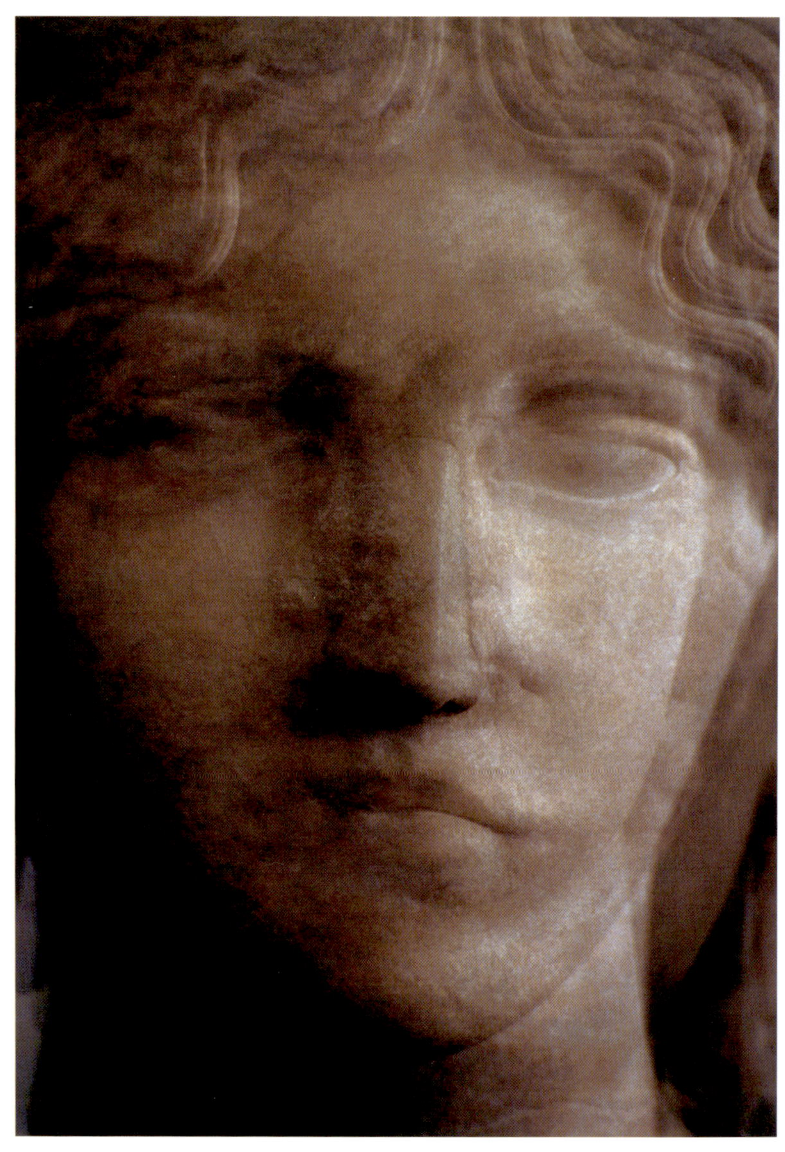

39 **Berlin (From the Seven Divine Heads series) /
Berlín (Z cyklu Sedm hlav božích)** 2001

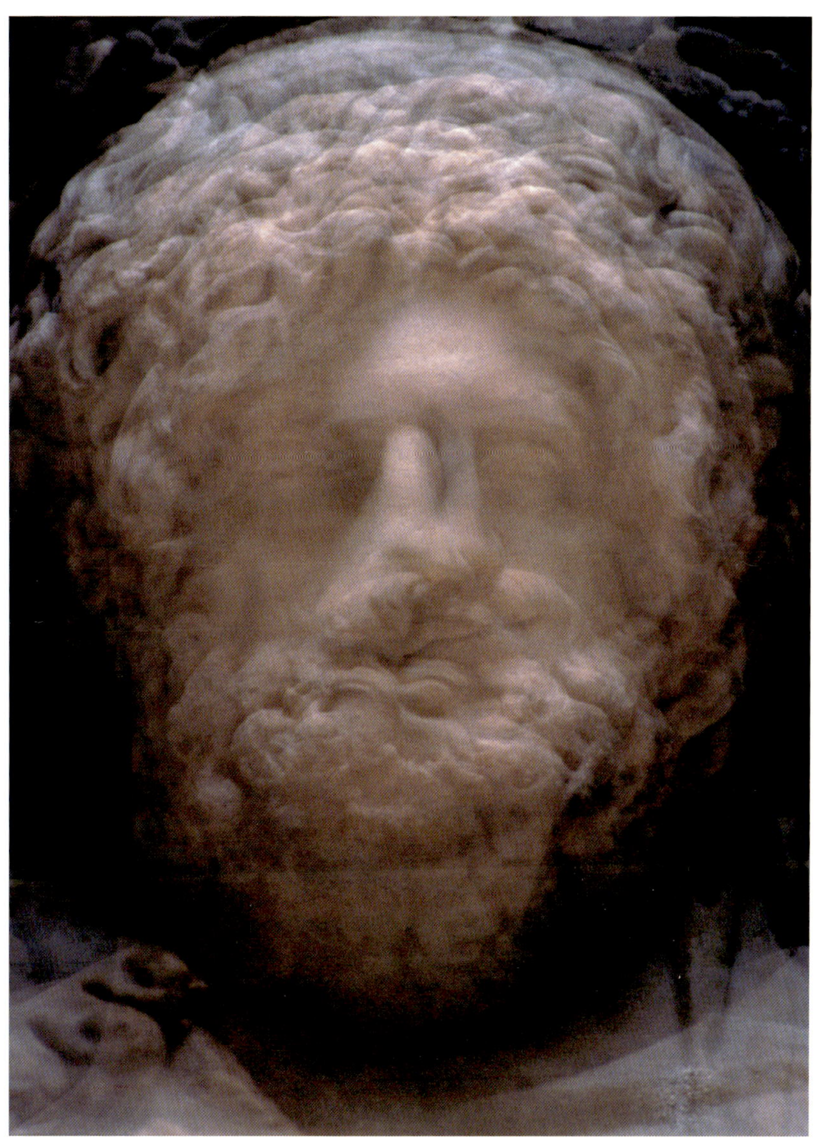

40 **Berlin (From the Seven Divine Heads series) /**
Berlín (Z cyklu Sedm hlav božích) 2001

ITALY / ITÁLIE

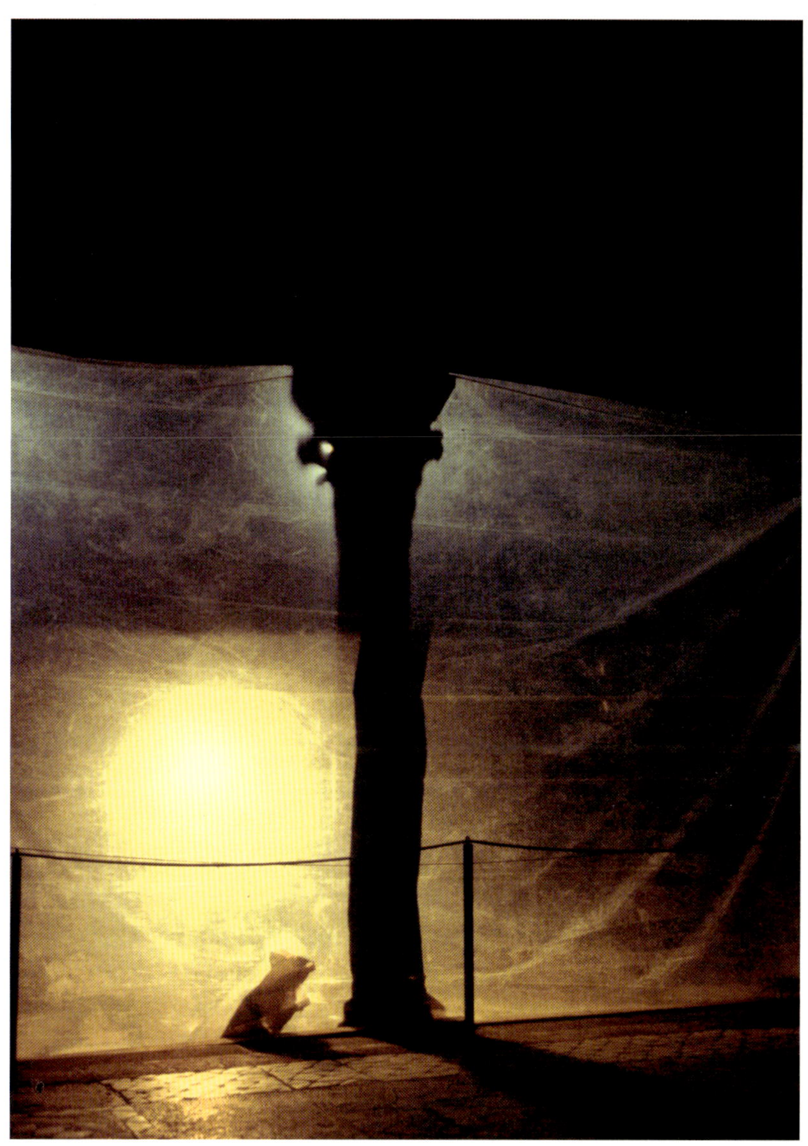

41 **Pomposa Abbey / Pomposa** 1988

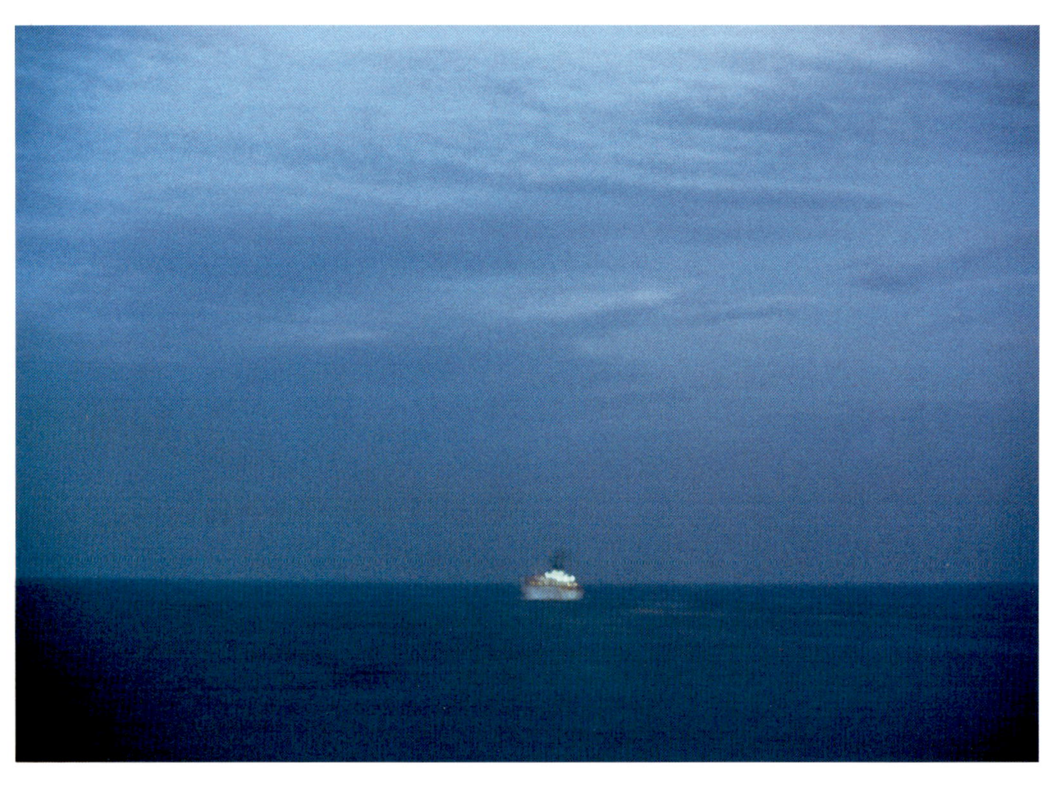

42 **Genoa / Janov** 1985

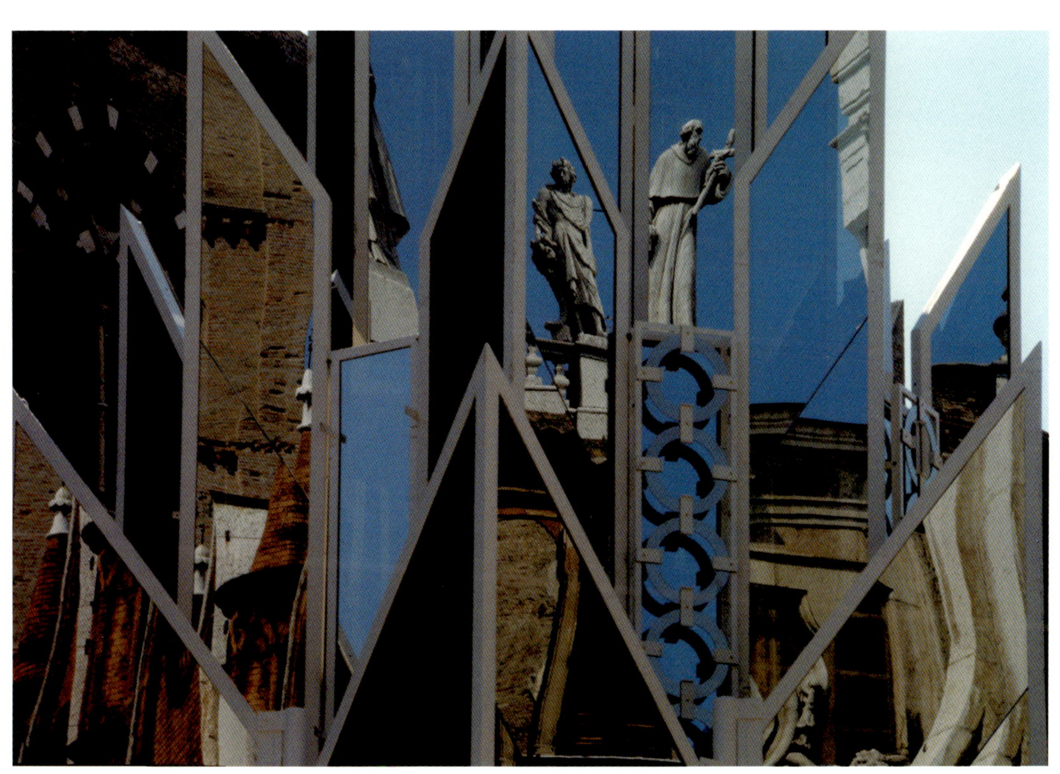

43 **Modena** 1988

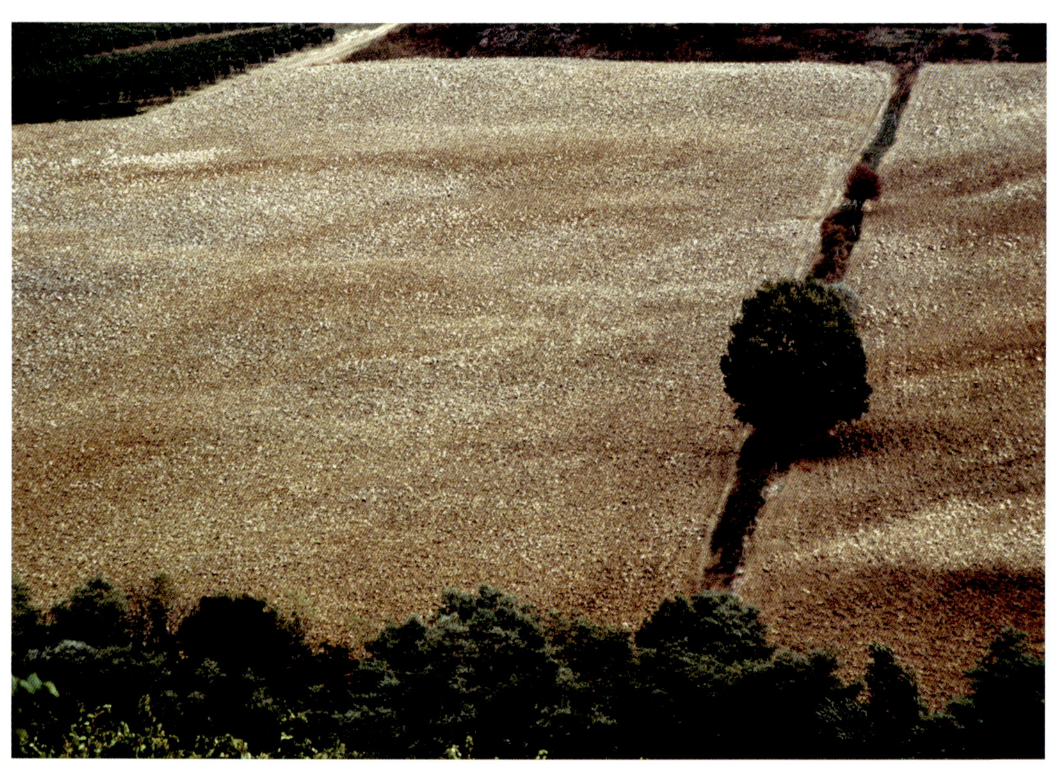

44 **Tuscany / Toskánsko** 1988

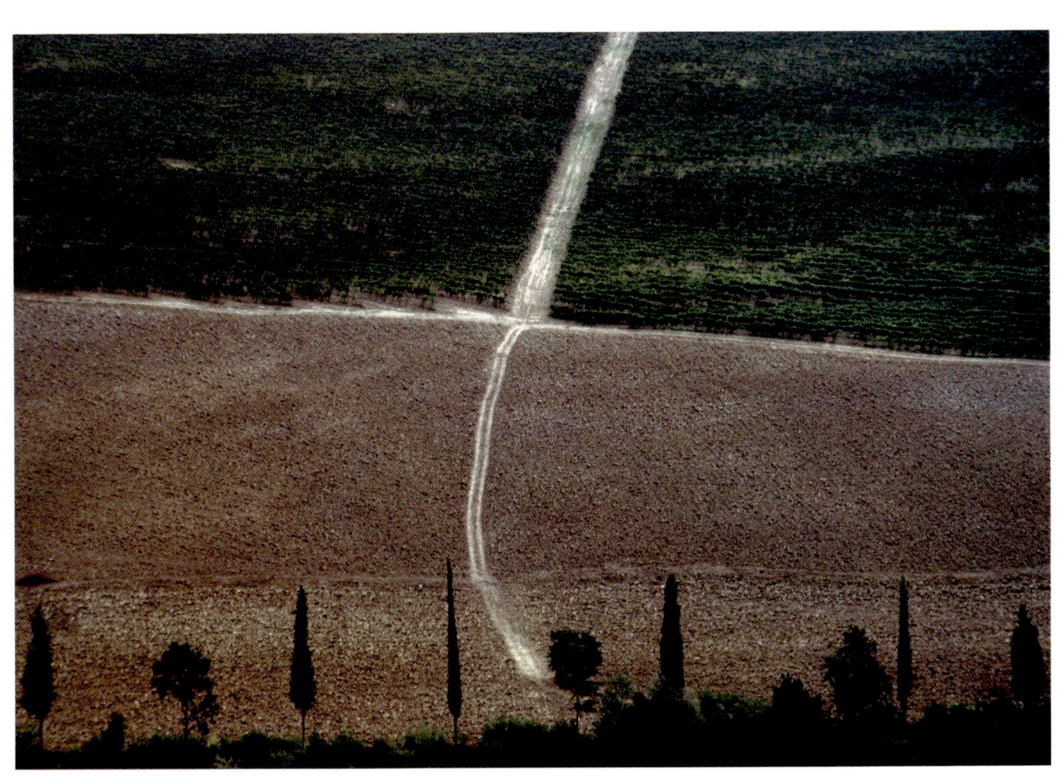

45 **Tuscany / Toskánsko** 1988

BRITTANY / BRETAŇ

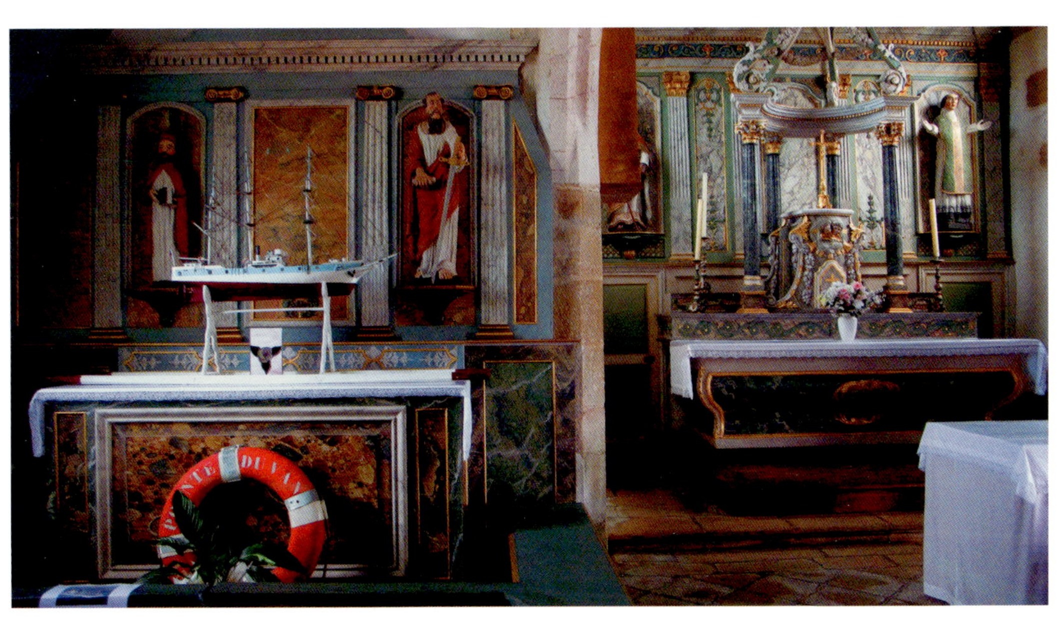

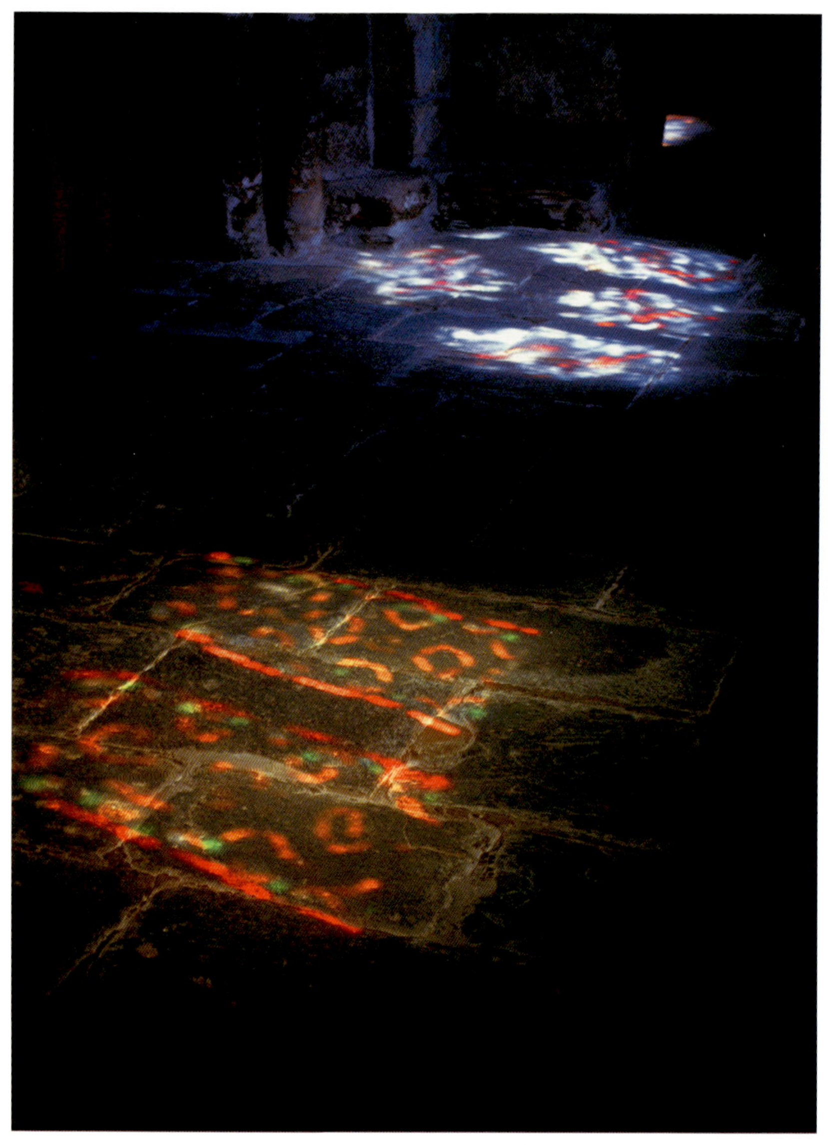

47 **Perros-Guirec** 1990

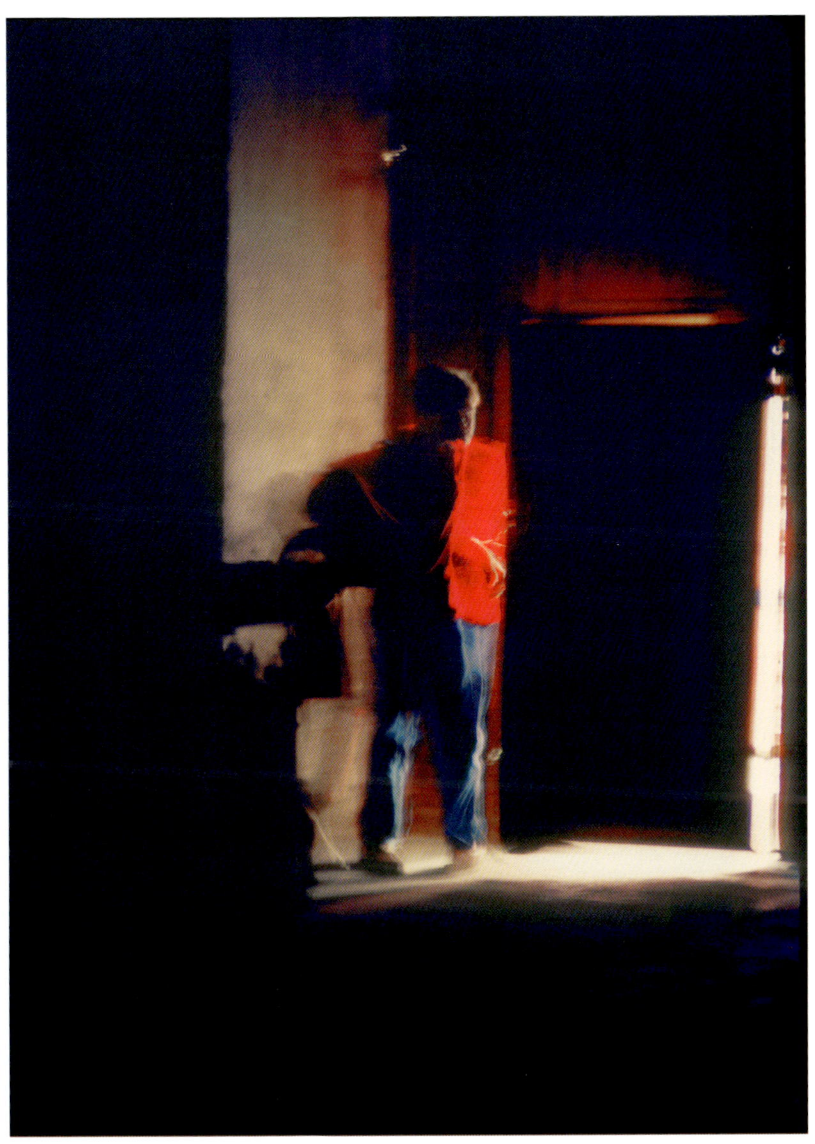

48 **Perros-Guirec** 1982

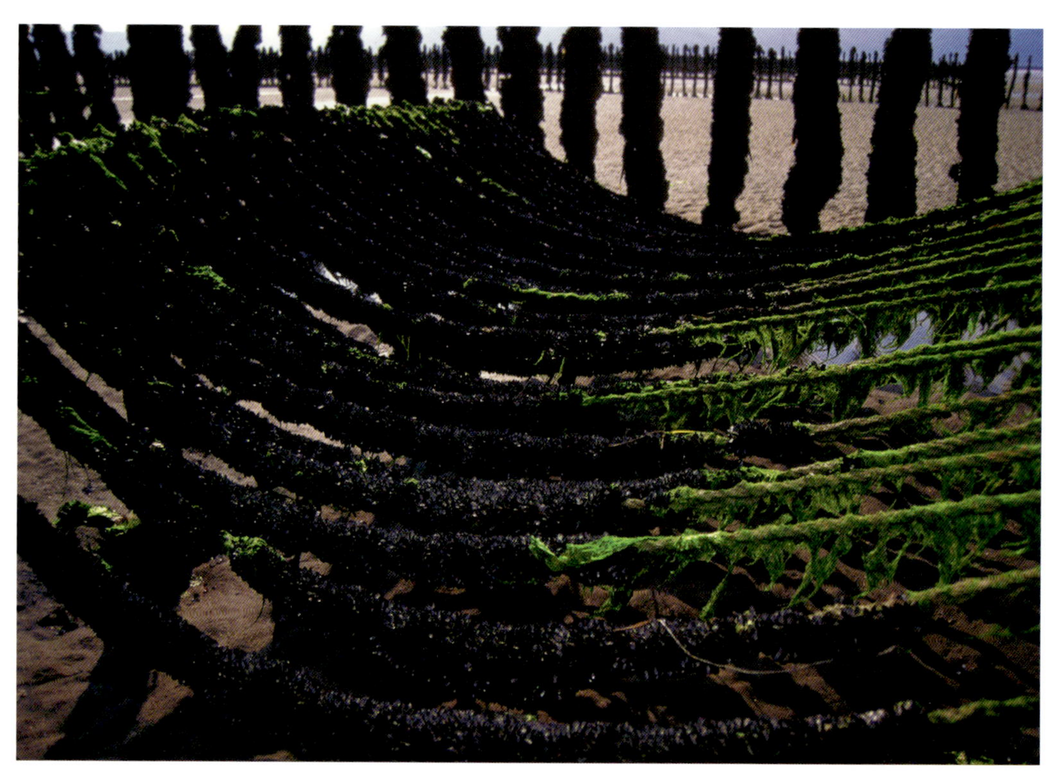

49 **Saint-Jacut-de-la-Mer** 1993

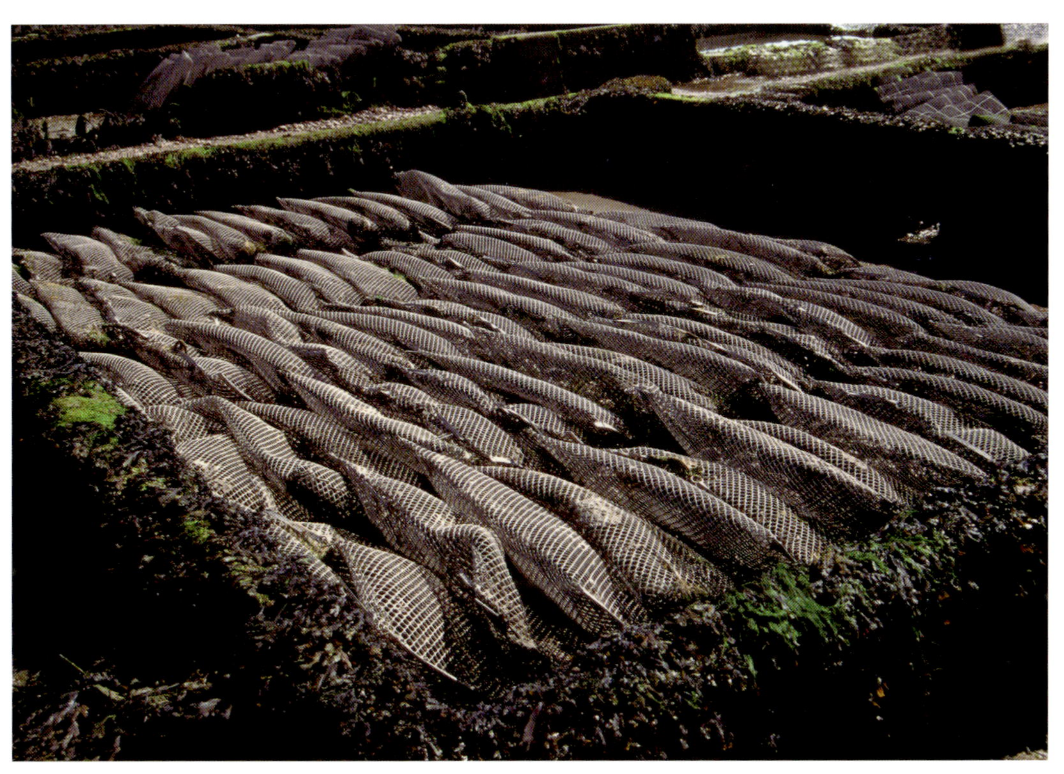

50 **Cancale** 2003

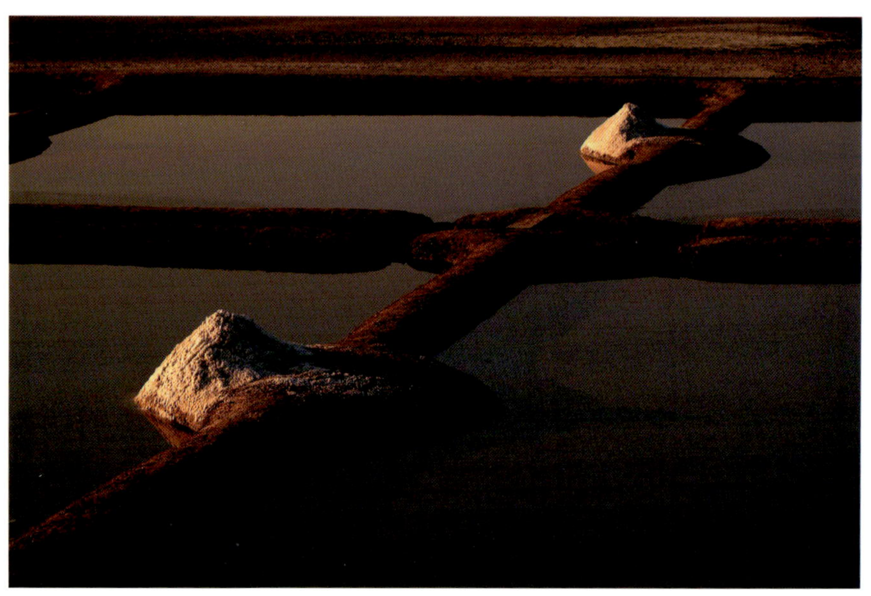

51 **Guérande** 2003

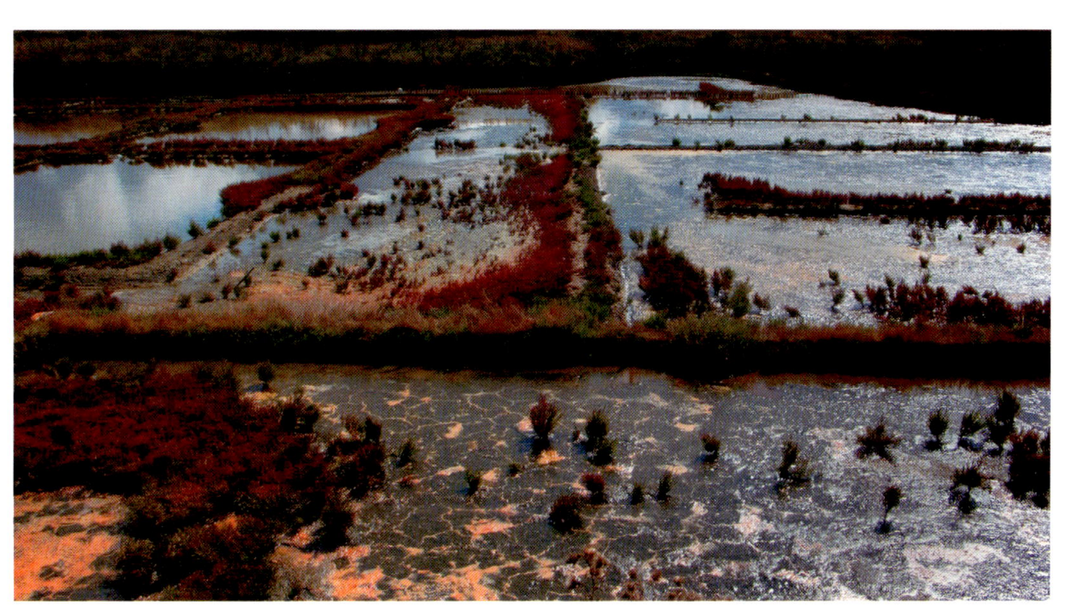

52 **Guérande** 2007

GREECE / ŘECKO

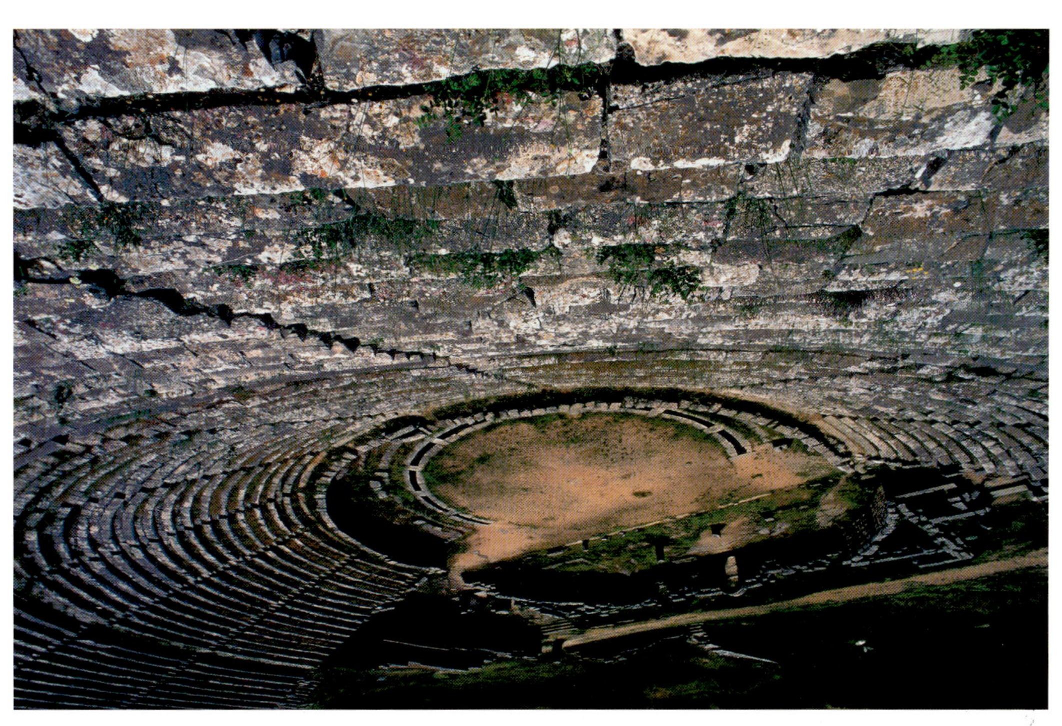

53 **Dodoni** 1998

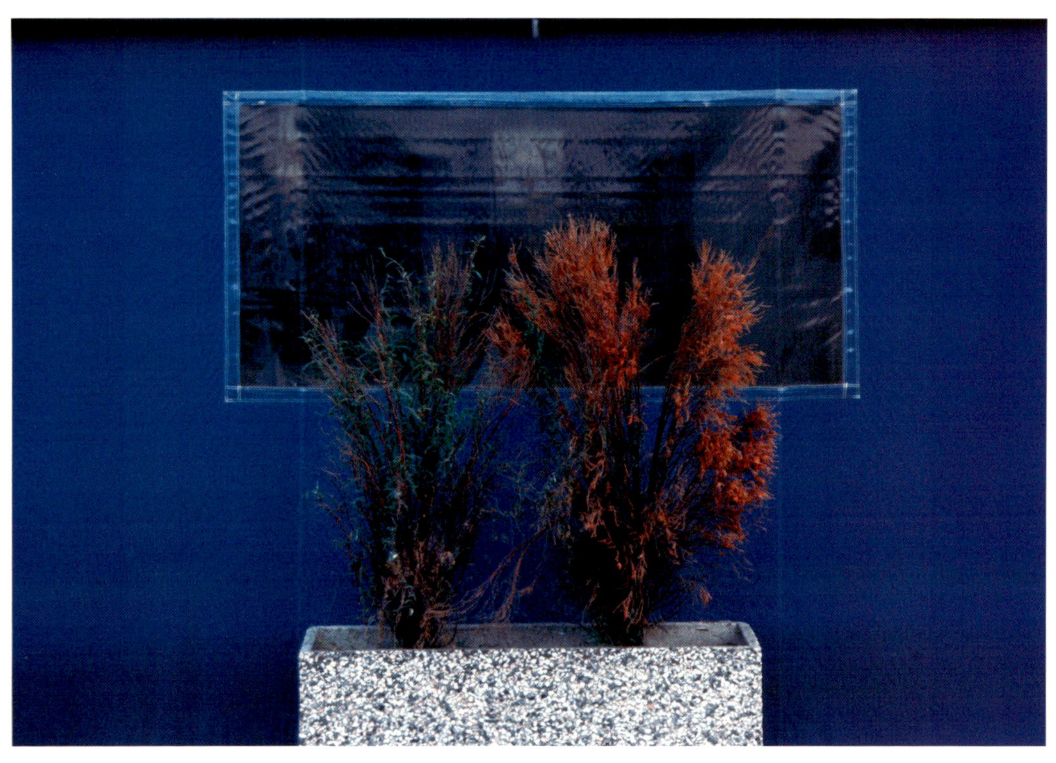

54 **Corfu** 1998

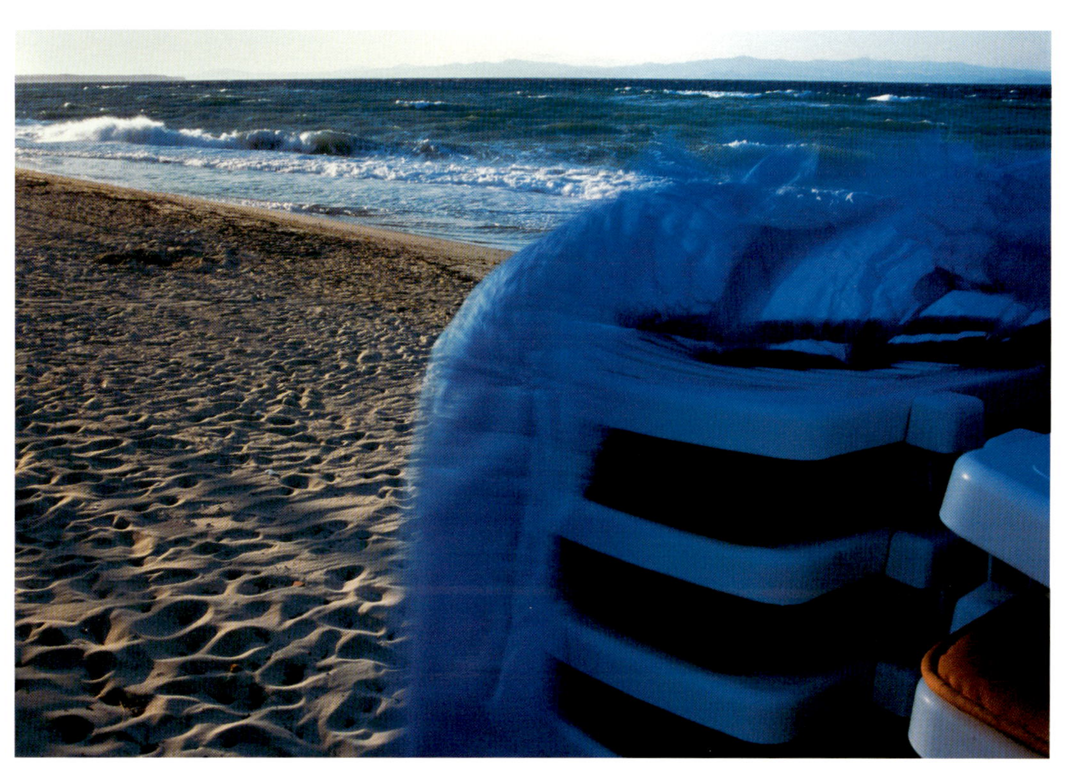

55 **Kassandra** 2002

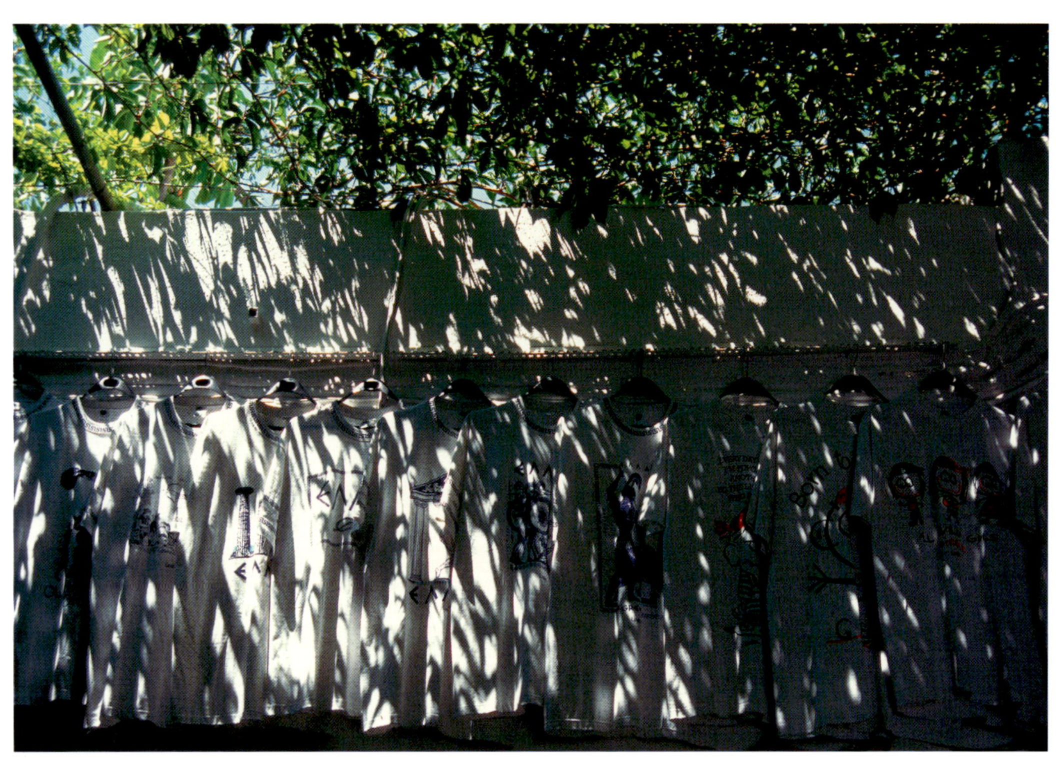

56 **Andros** 2003

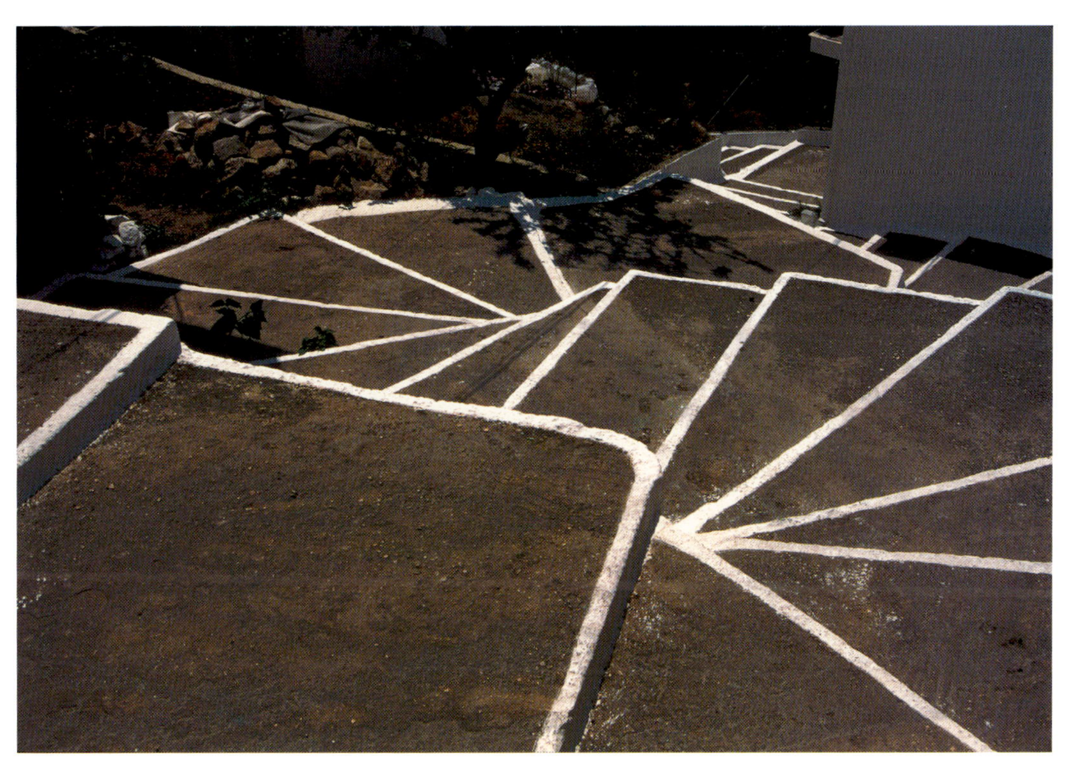

57 **Lefkada / Lefkáda** 2001

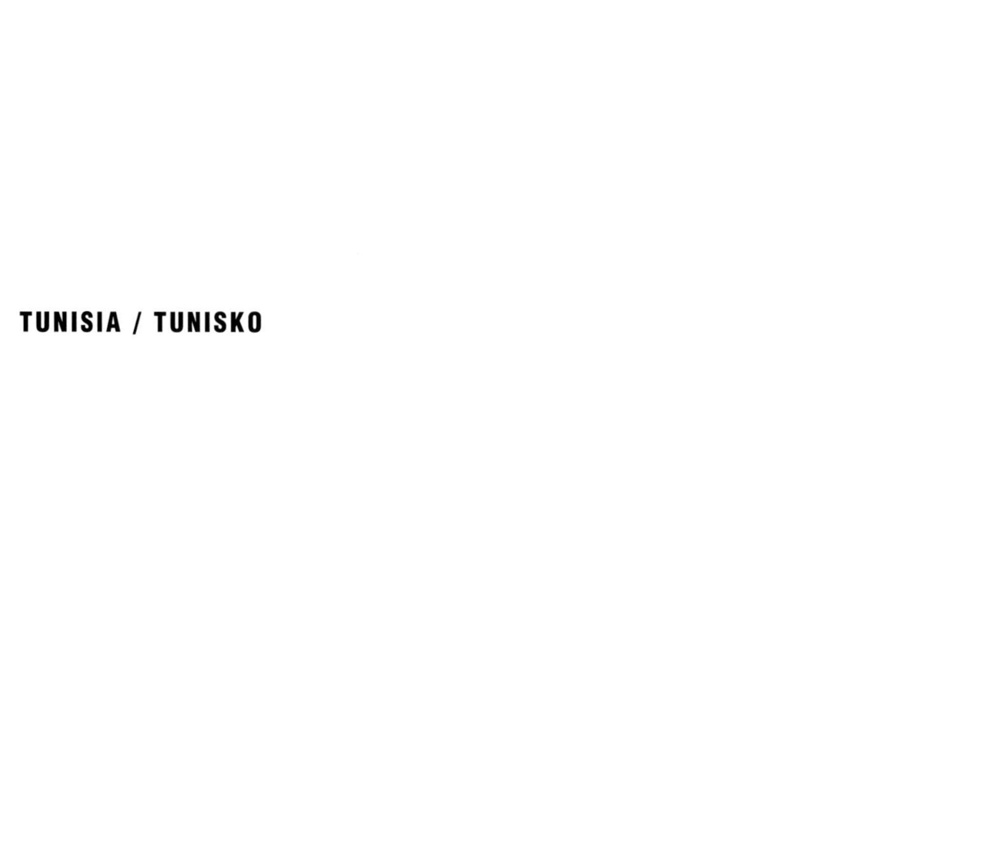

TUNISIA / TUNISKO

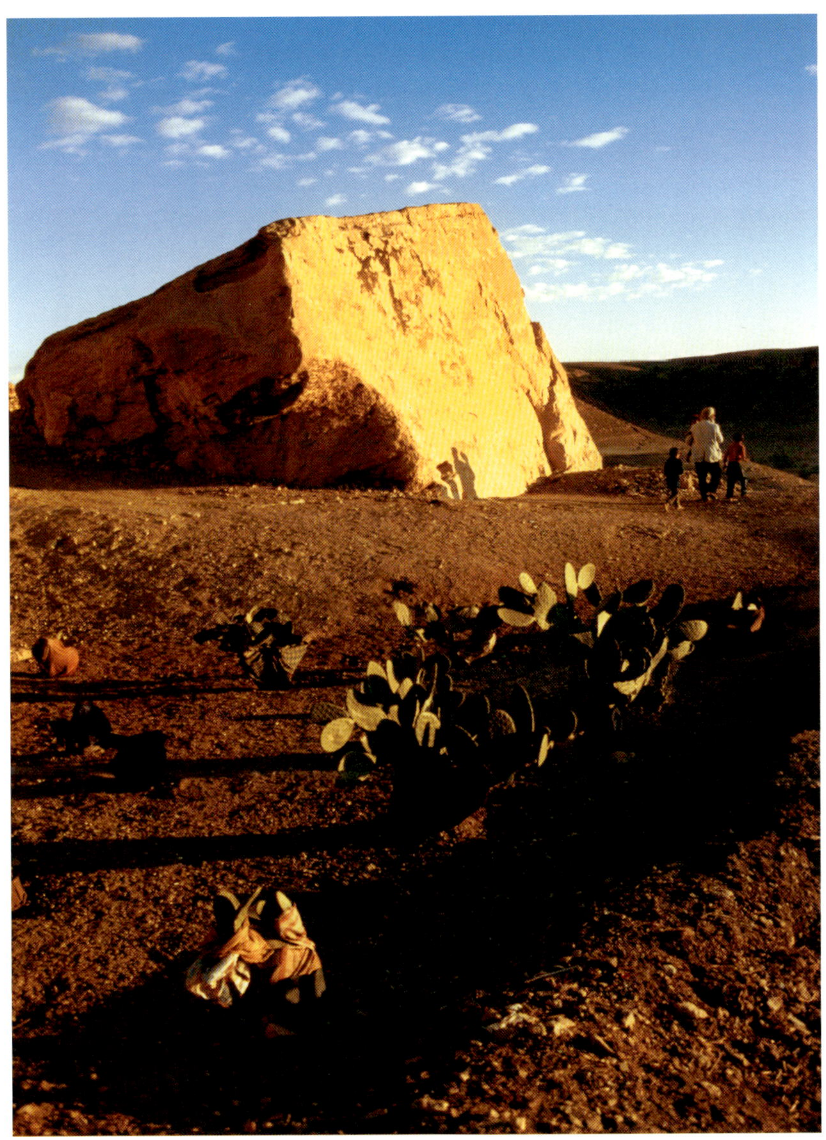

58 **Ghomrassen** 1985

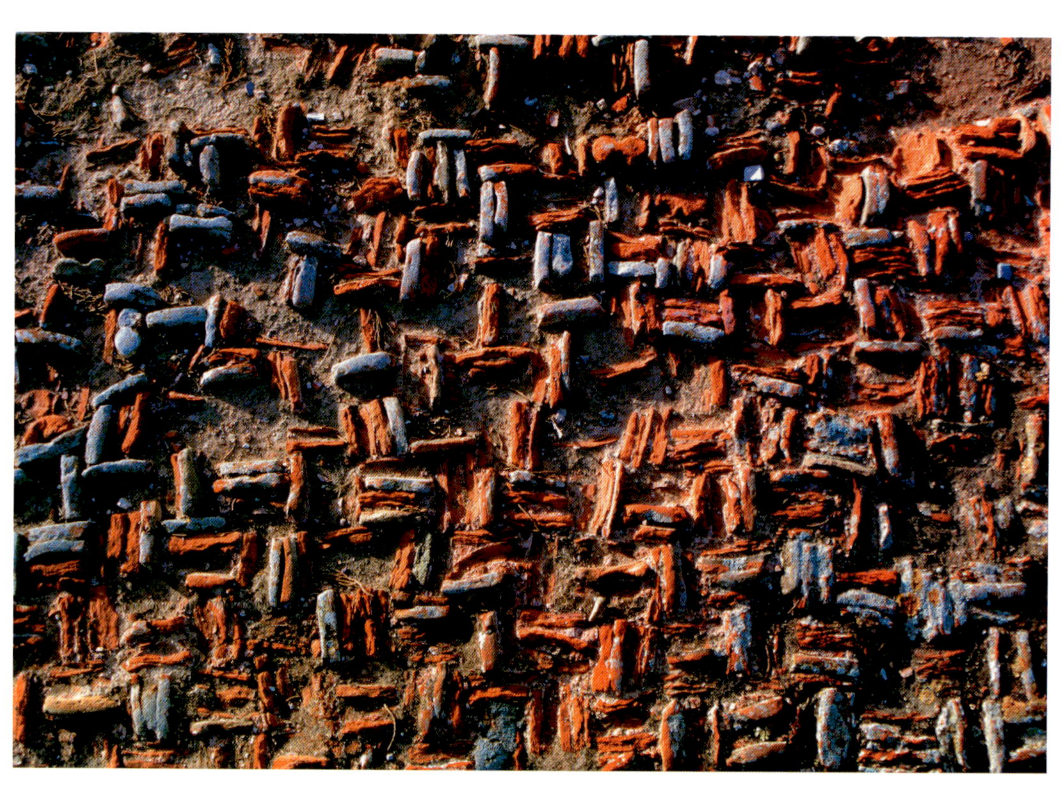

59 **Carthage / Kartágo** 1985

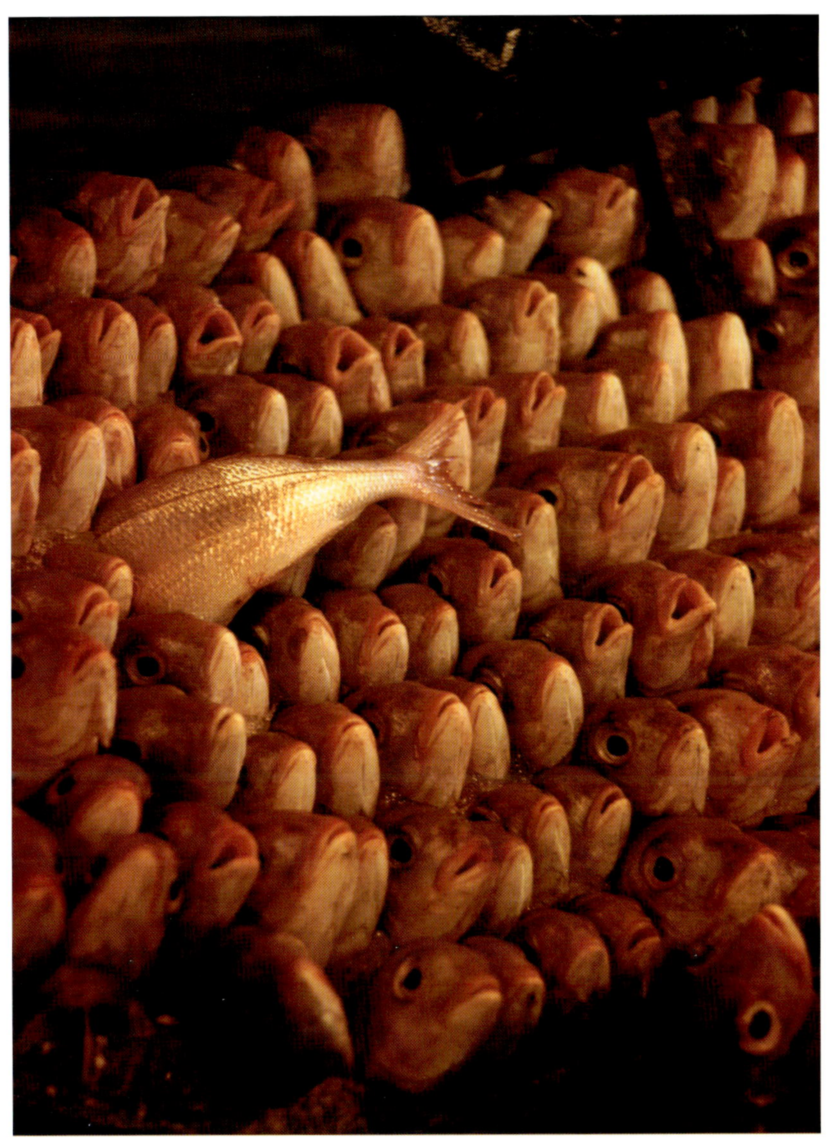

60 **Mahdia** 1987

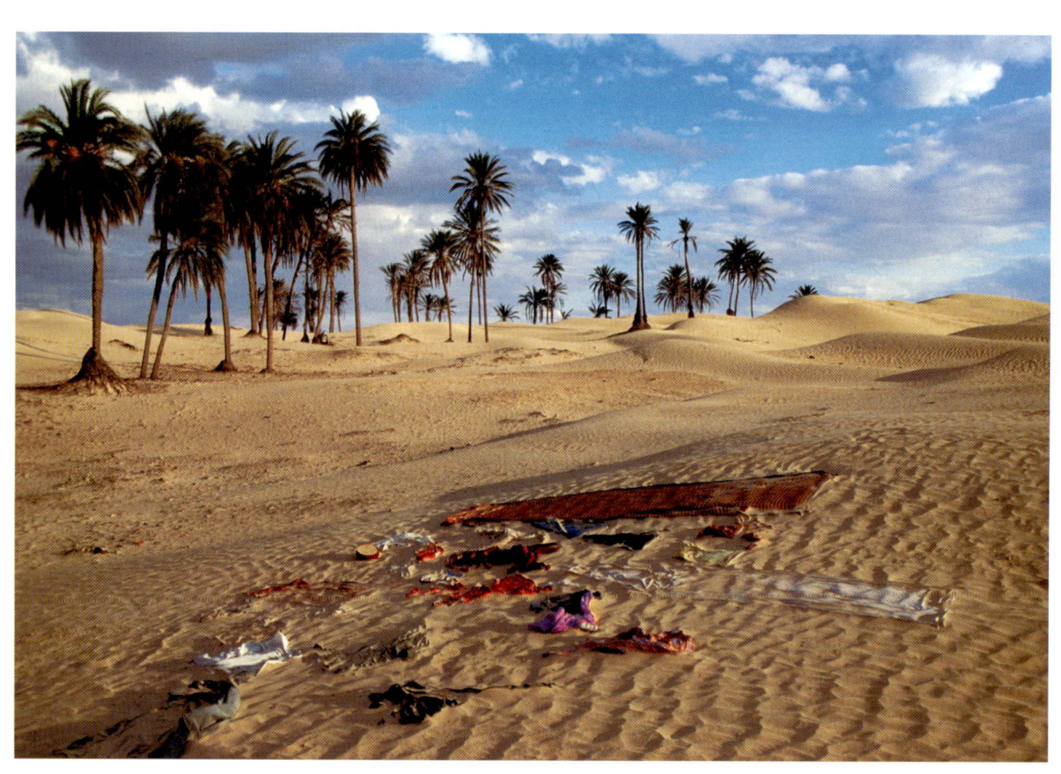

61 **Zaafrane** 1987

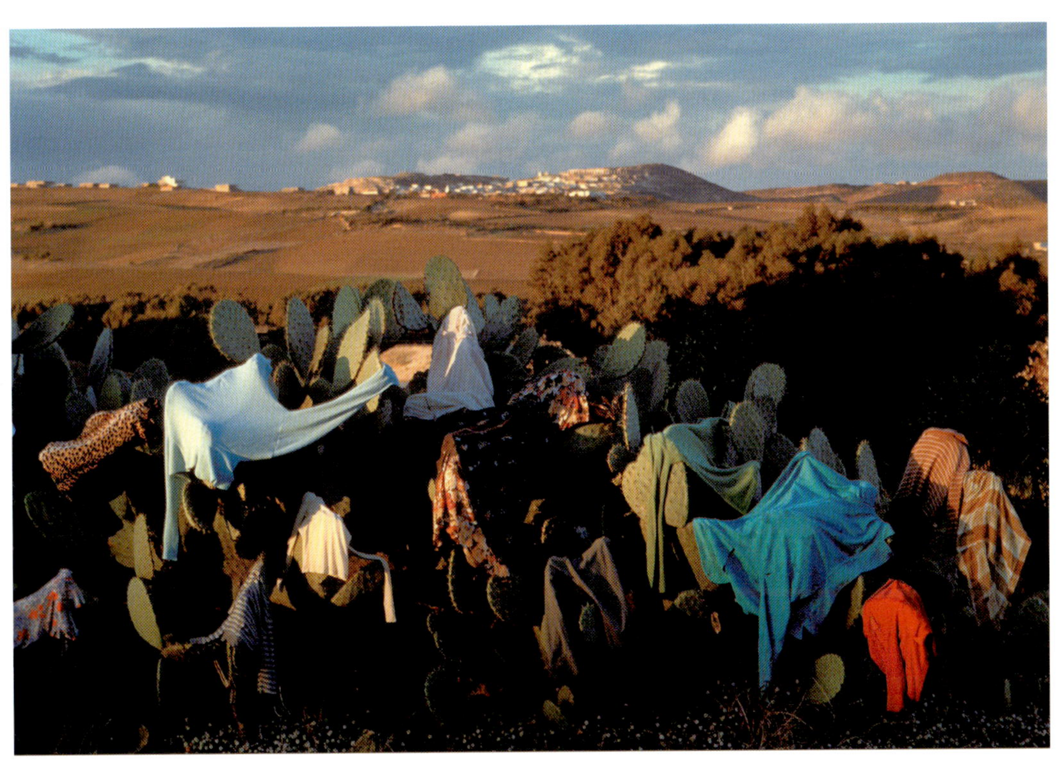

62 **Chenini** 1985

PARIS / PAŘÍŽ

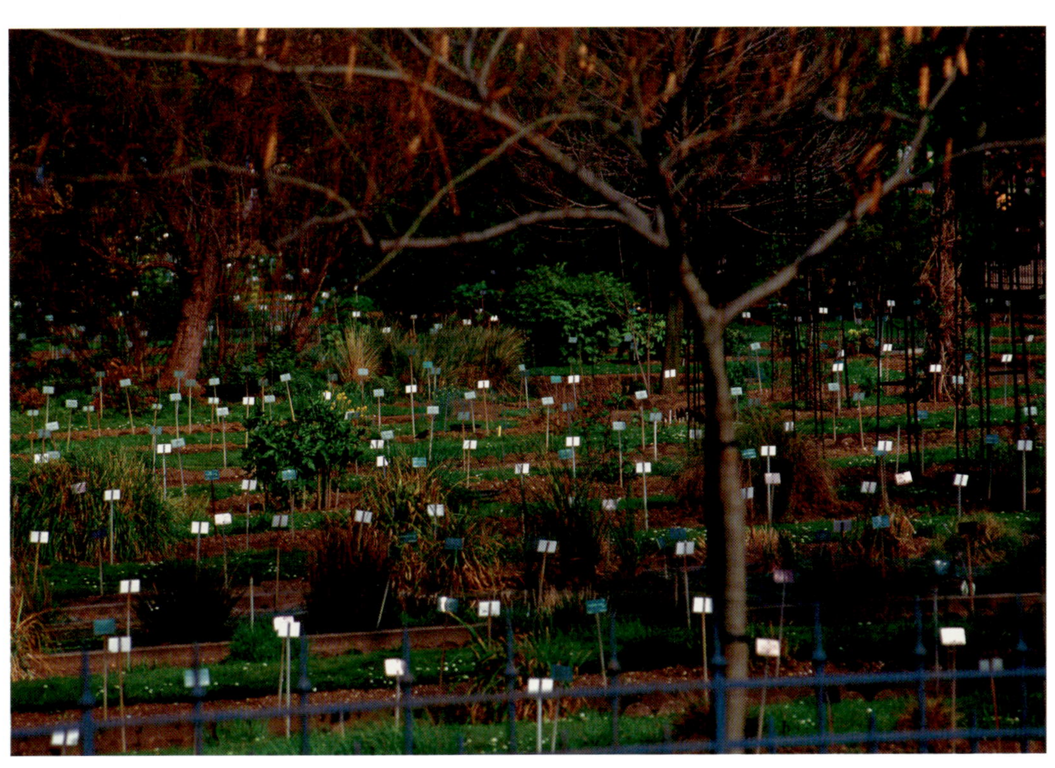

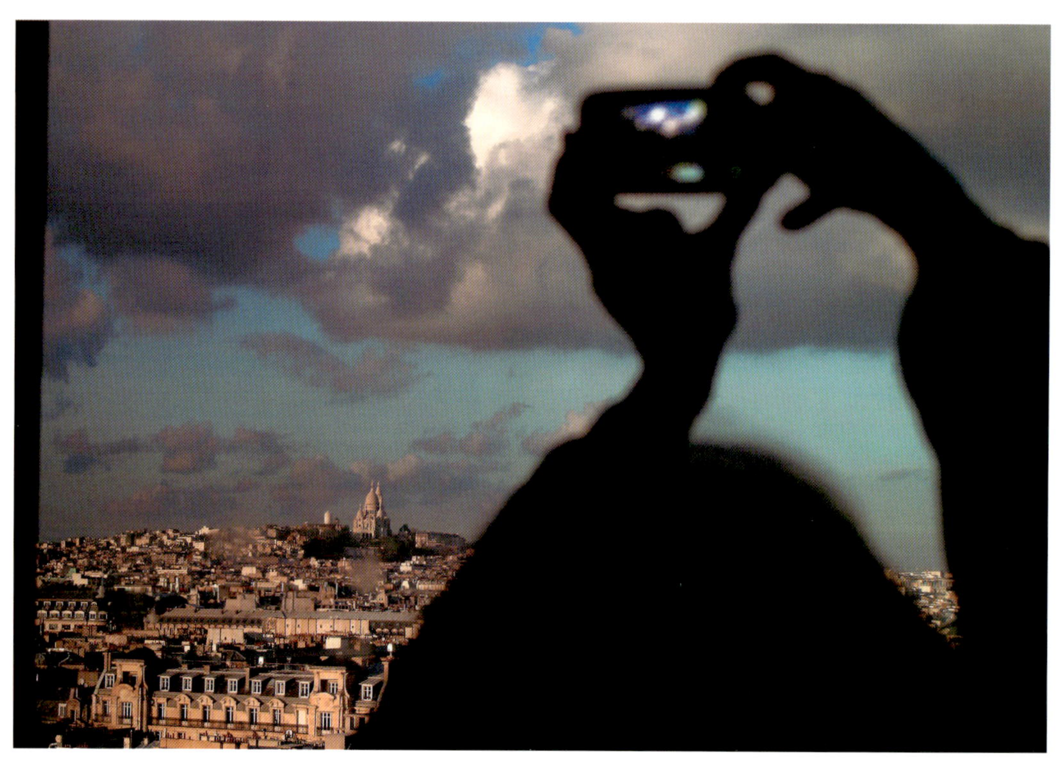

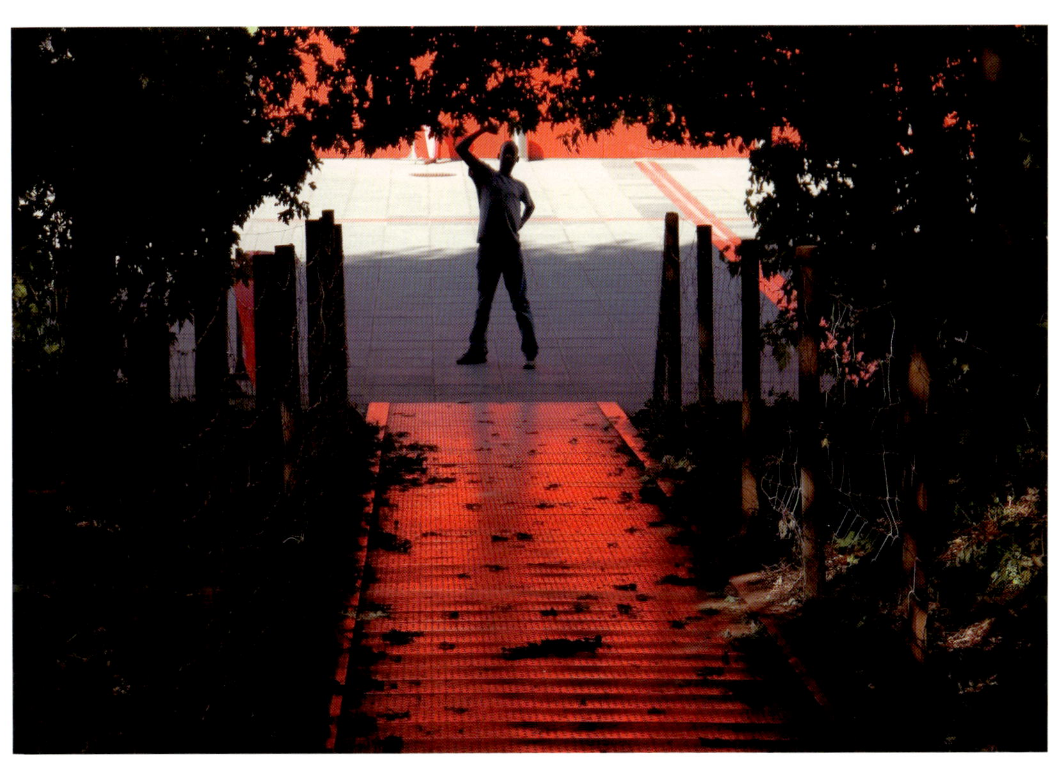

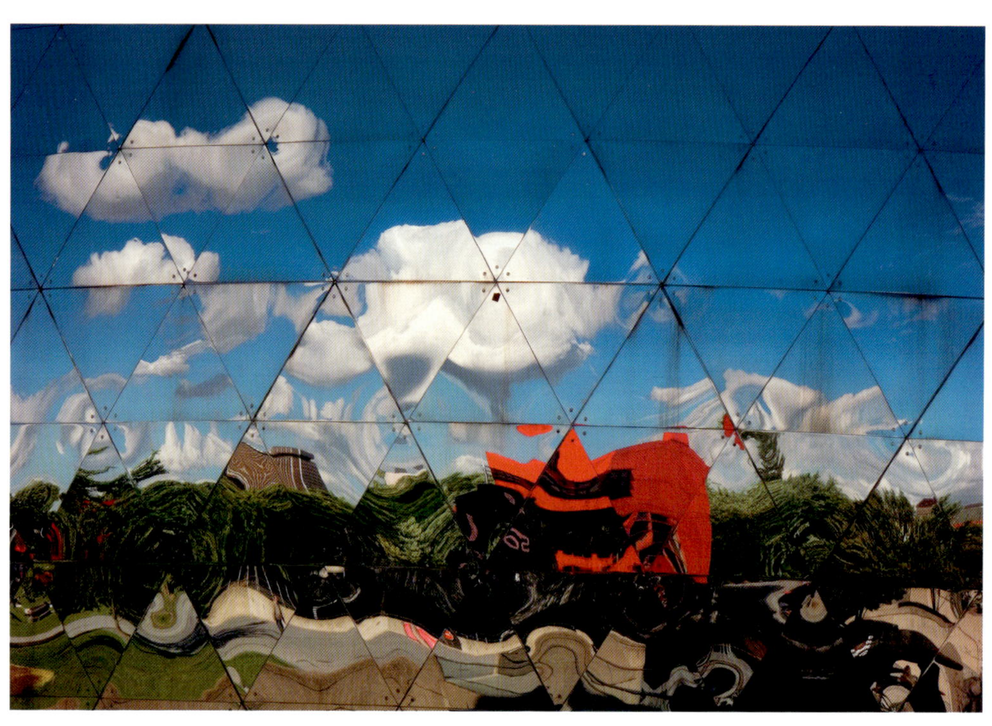

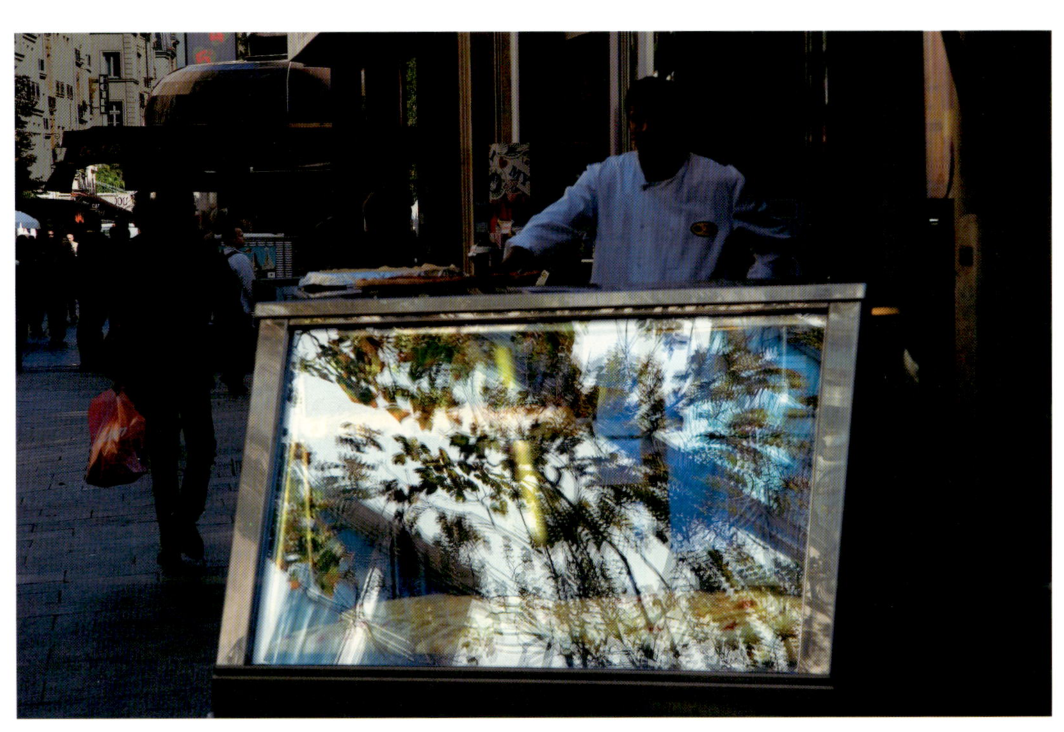

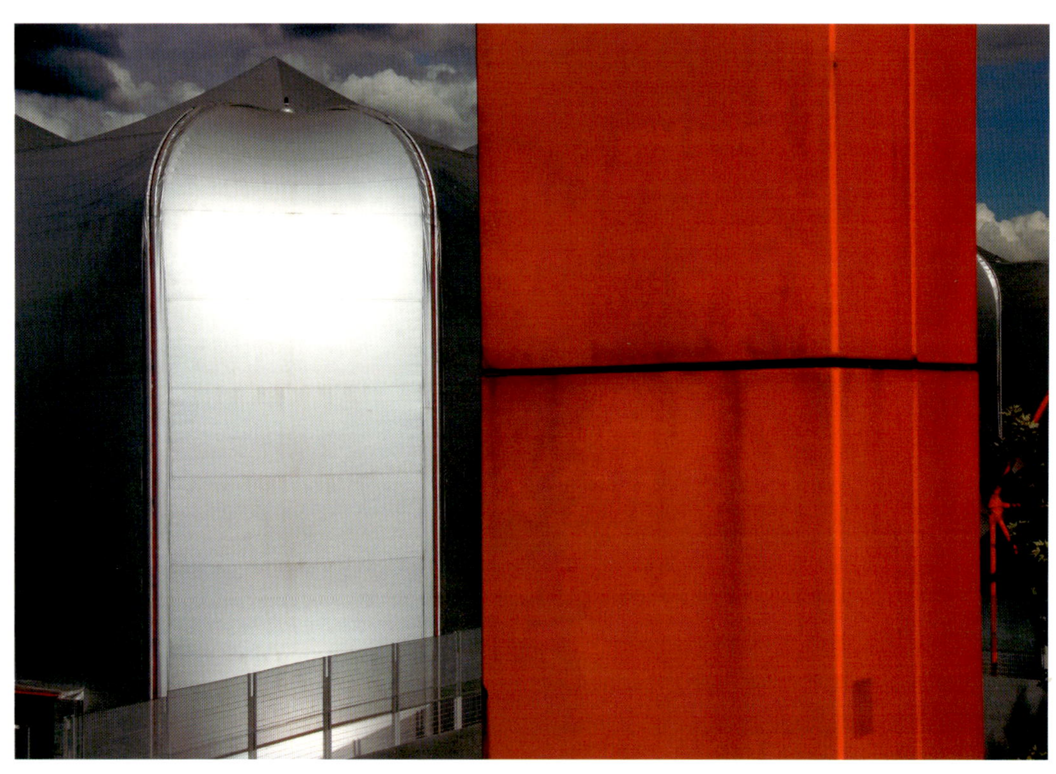

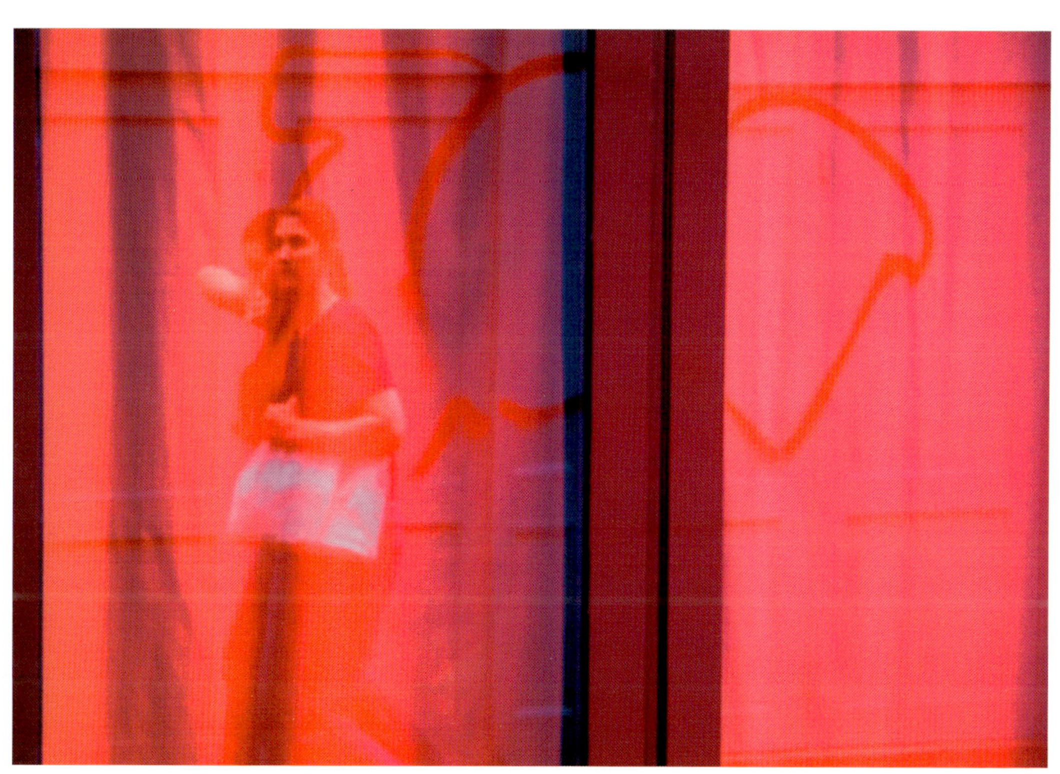

69 **Paris / Paříž** 2006

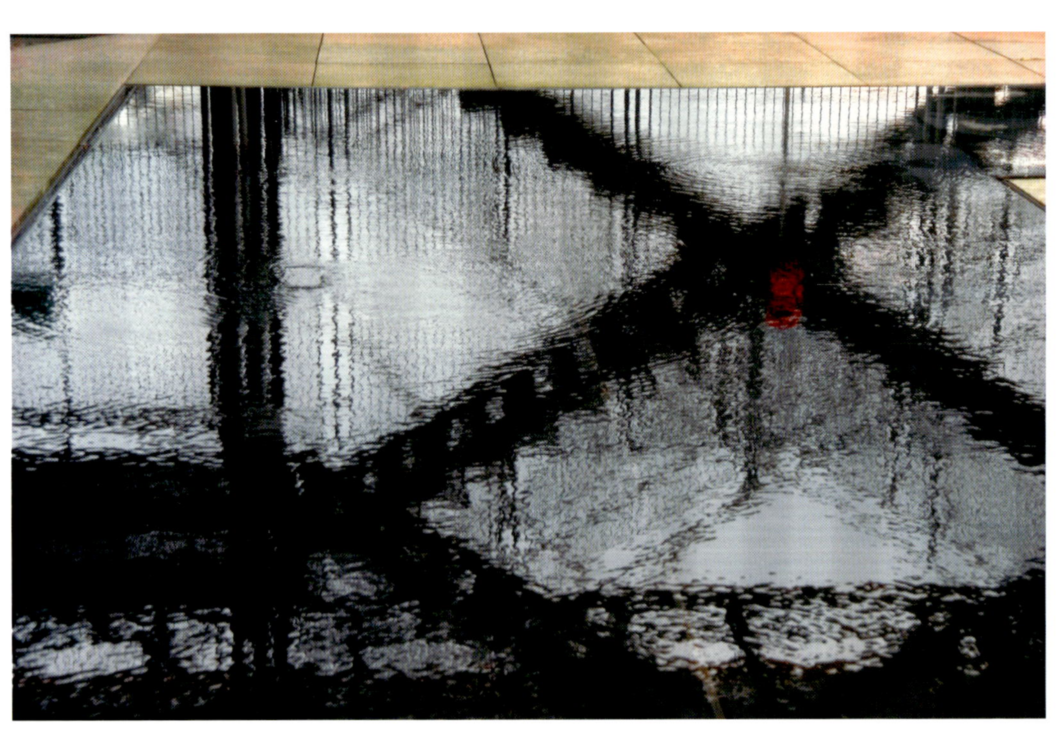

70 **Beaubourg** 2007

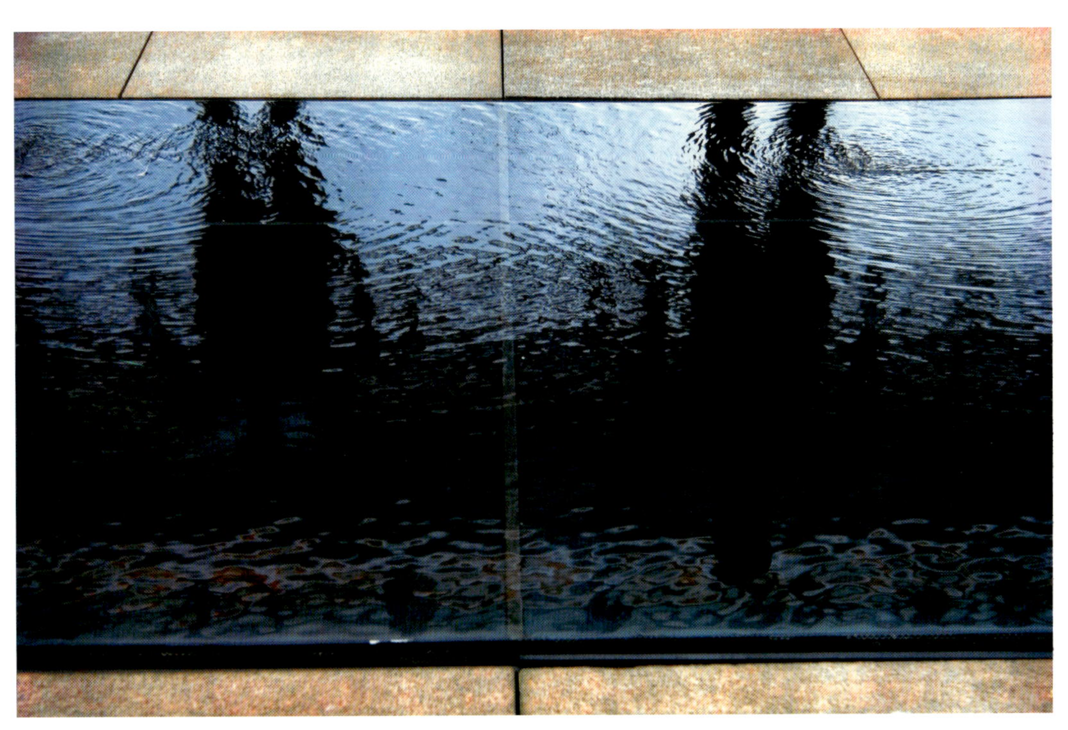

71 **Beaubourg** 2007

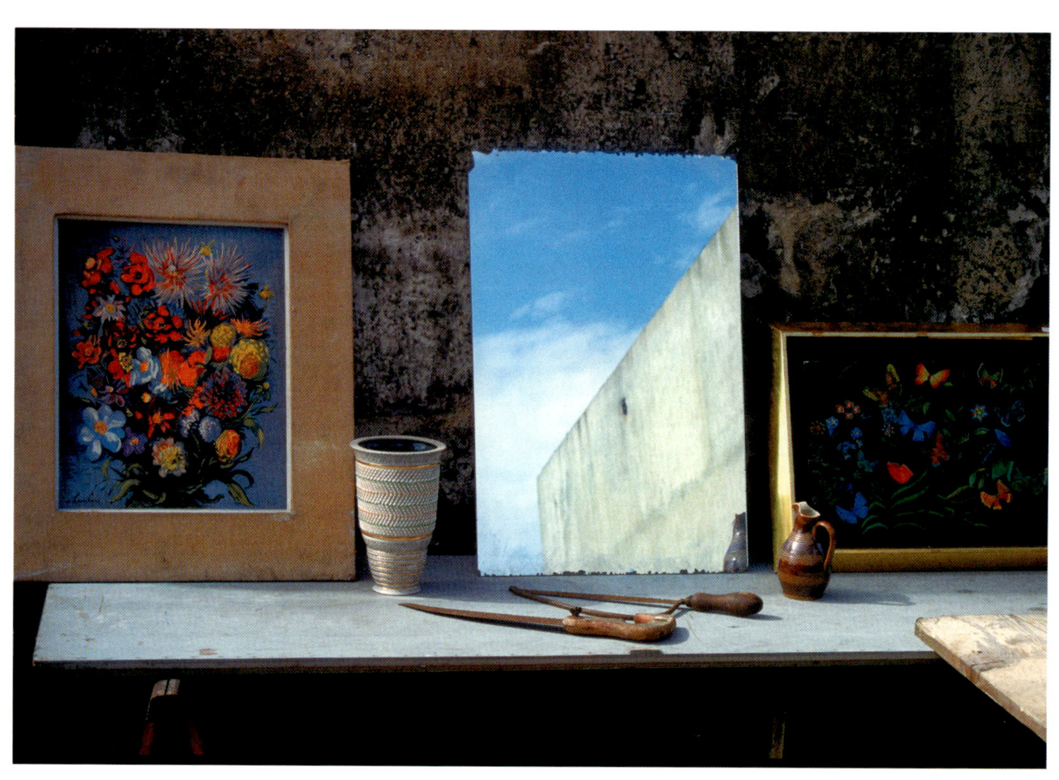

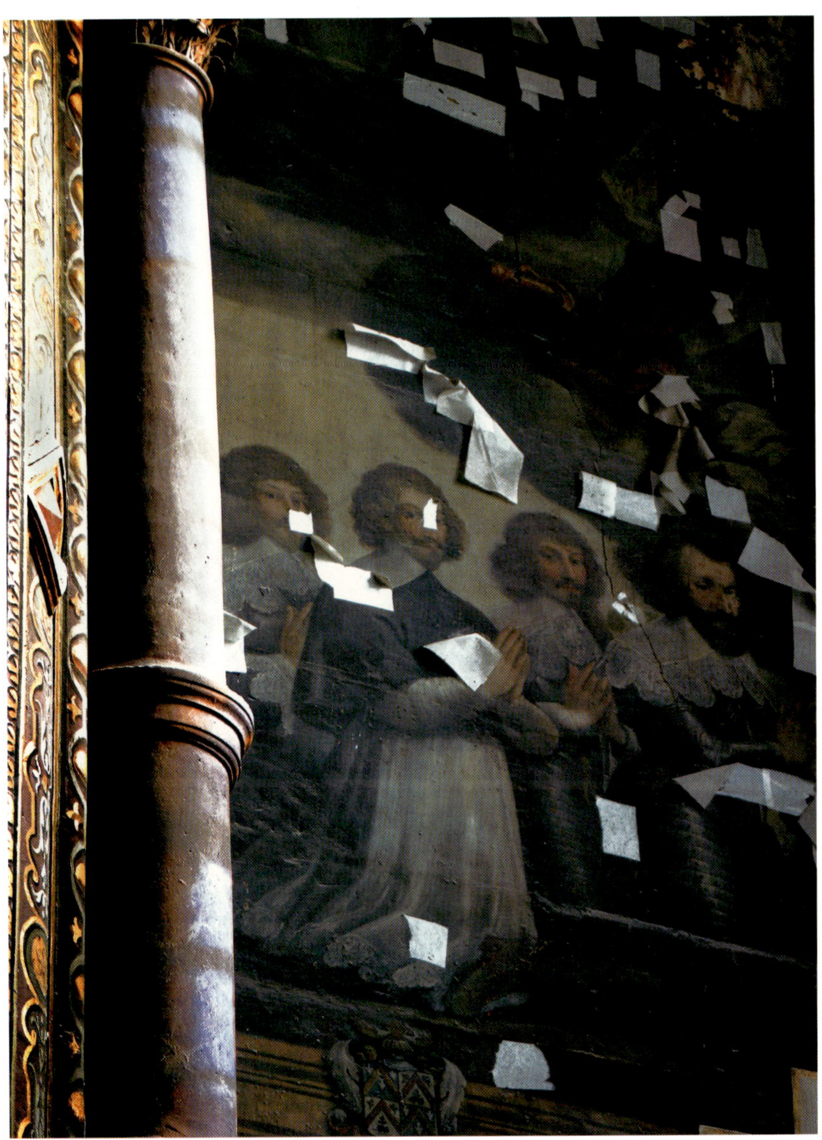

73 **Église Saint-Eustache** 2006

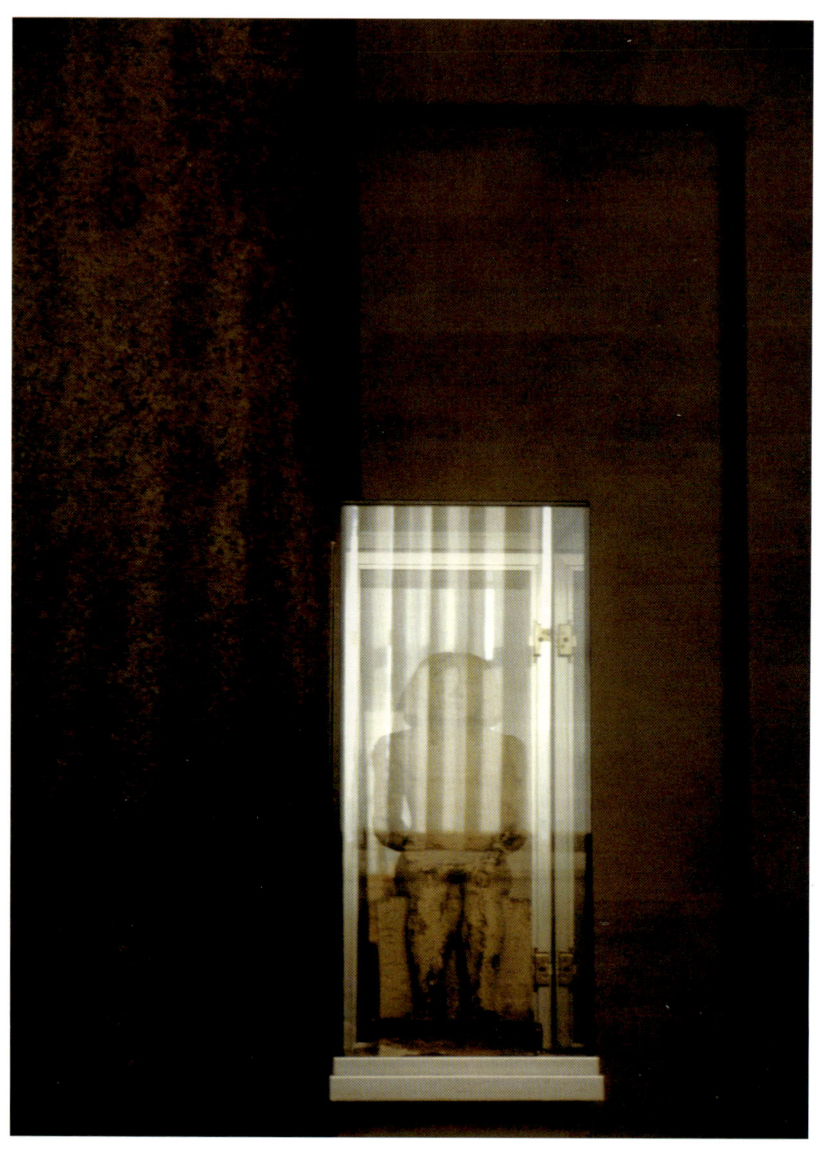

74 **Louvre** 1982

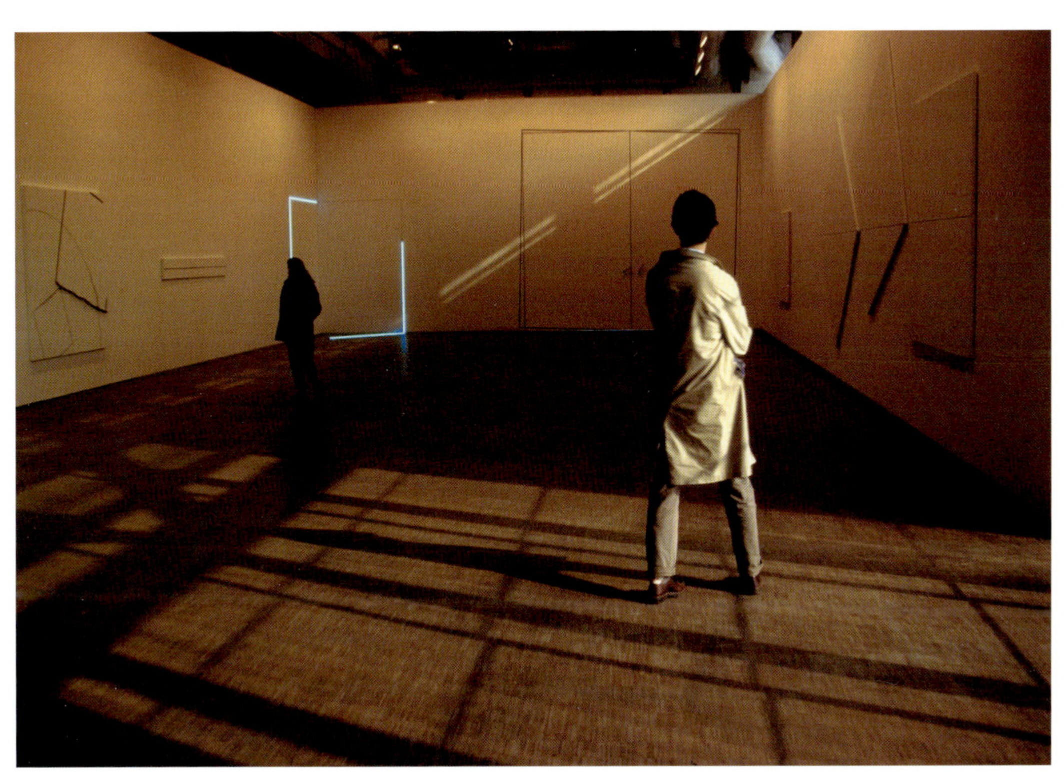

75 **Beaubourg** 1986

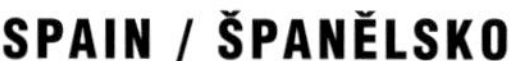

SPAIN / ŠPANĚLSKO

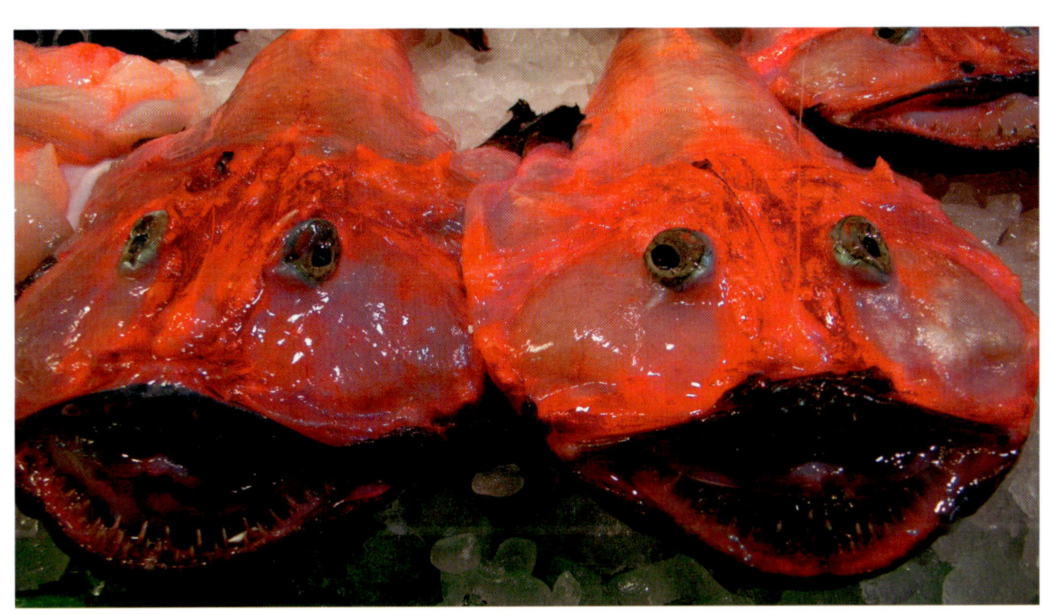

76 **Majorca / Malorka** 2006

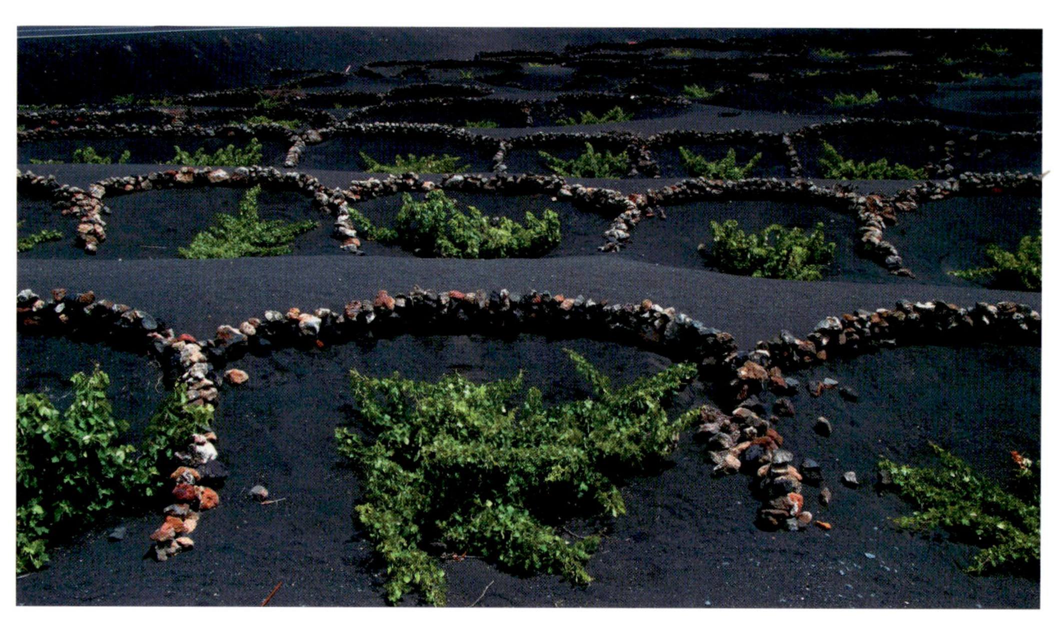

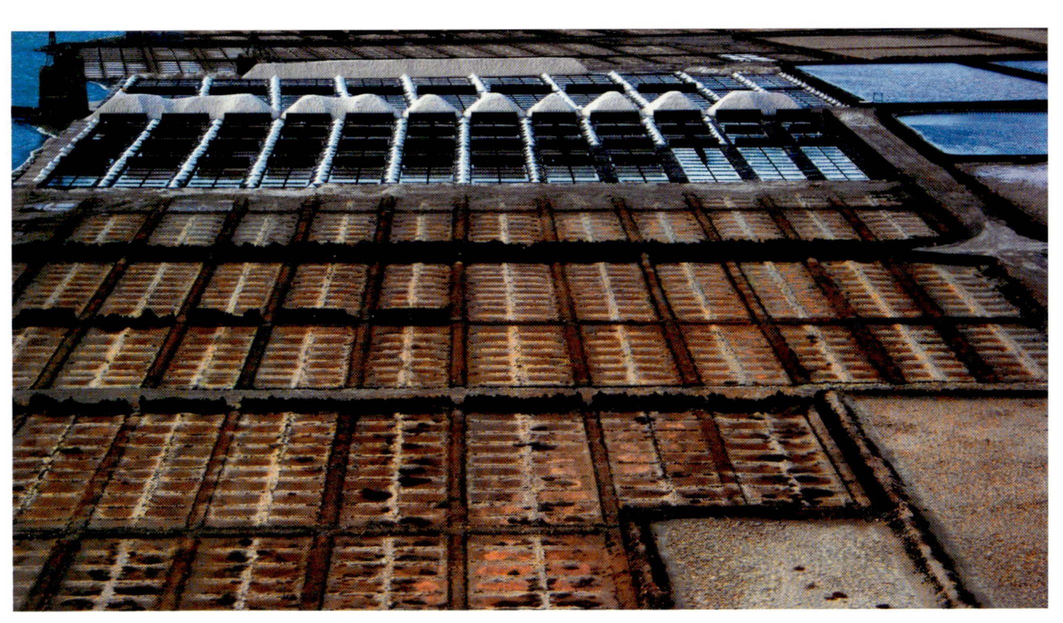

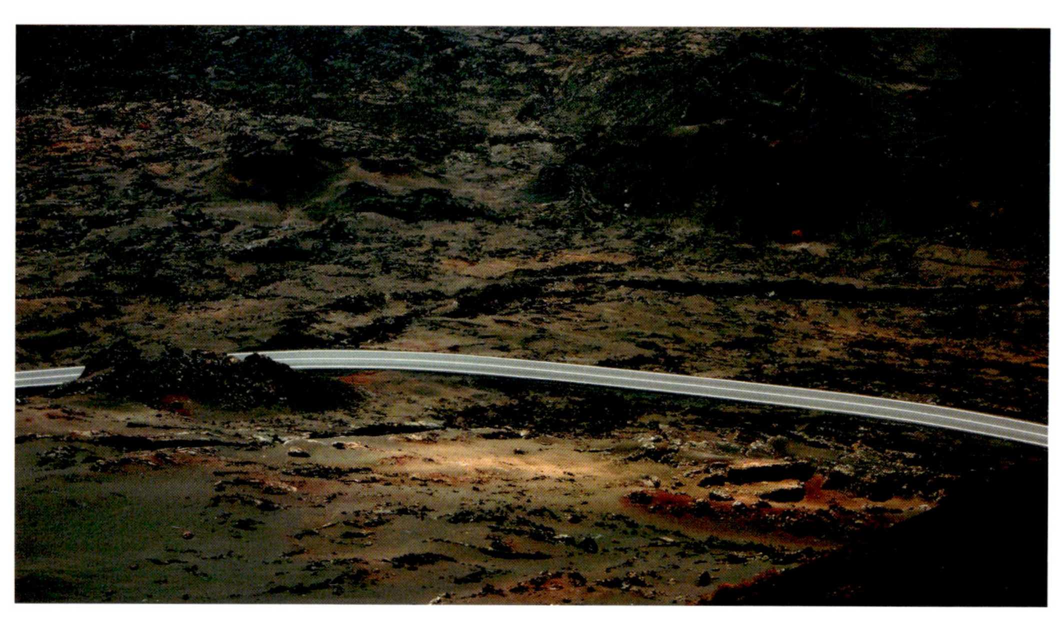

79 **Lanzarote** 2007

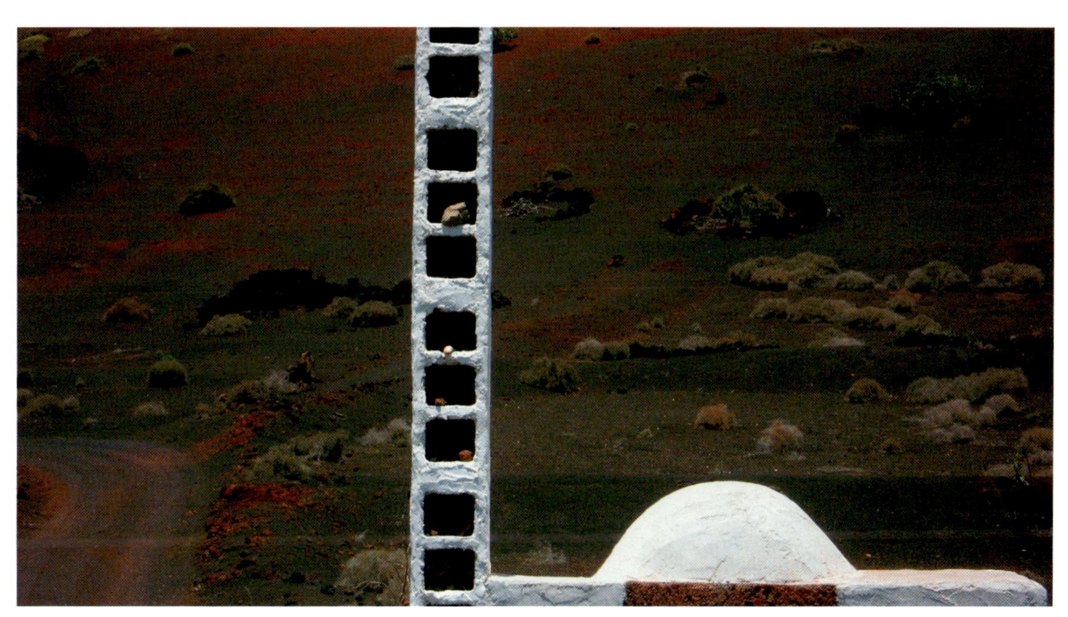

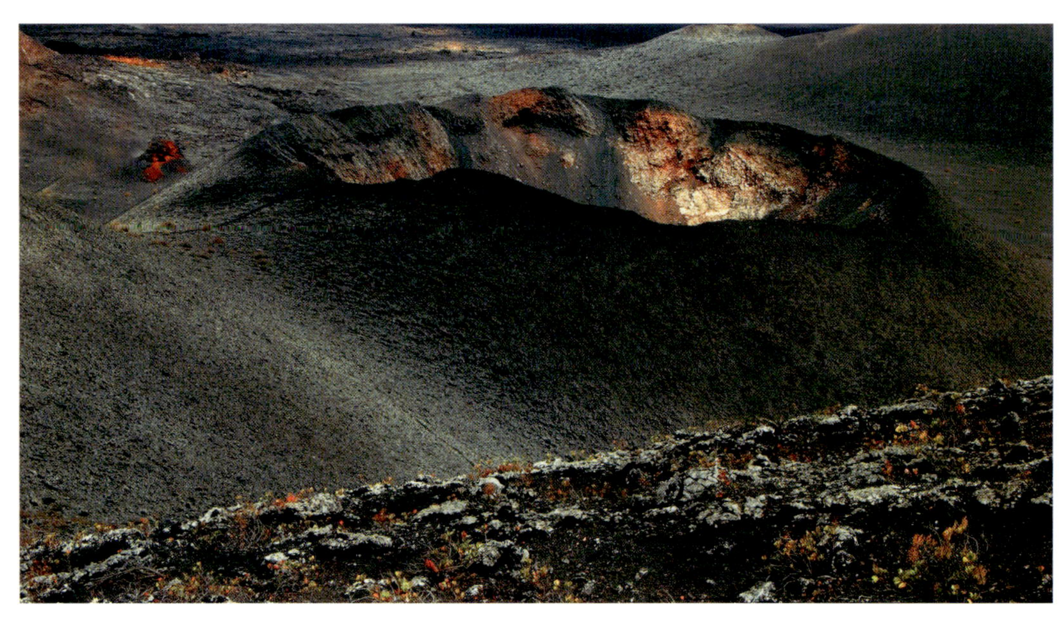

81 **Lanzarote** 2007

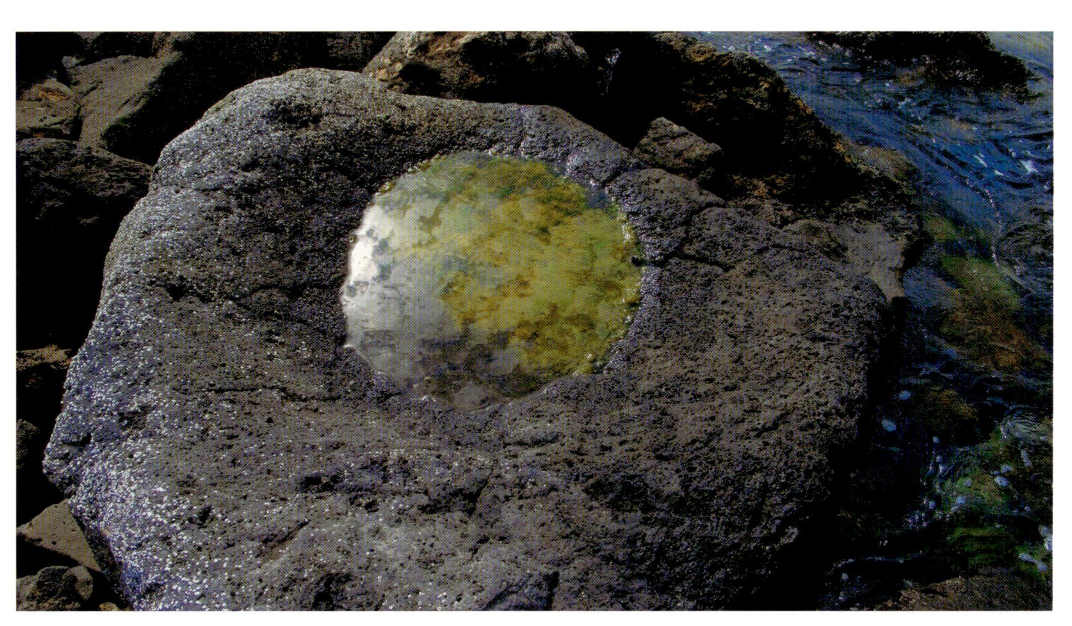

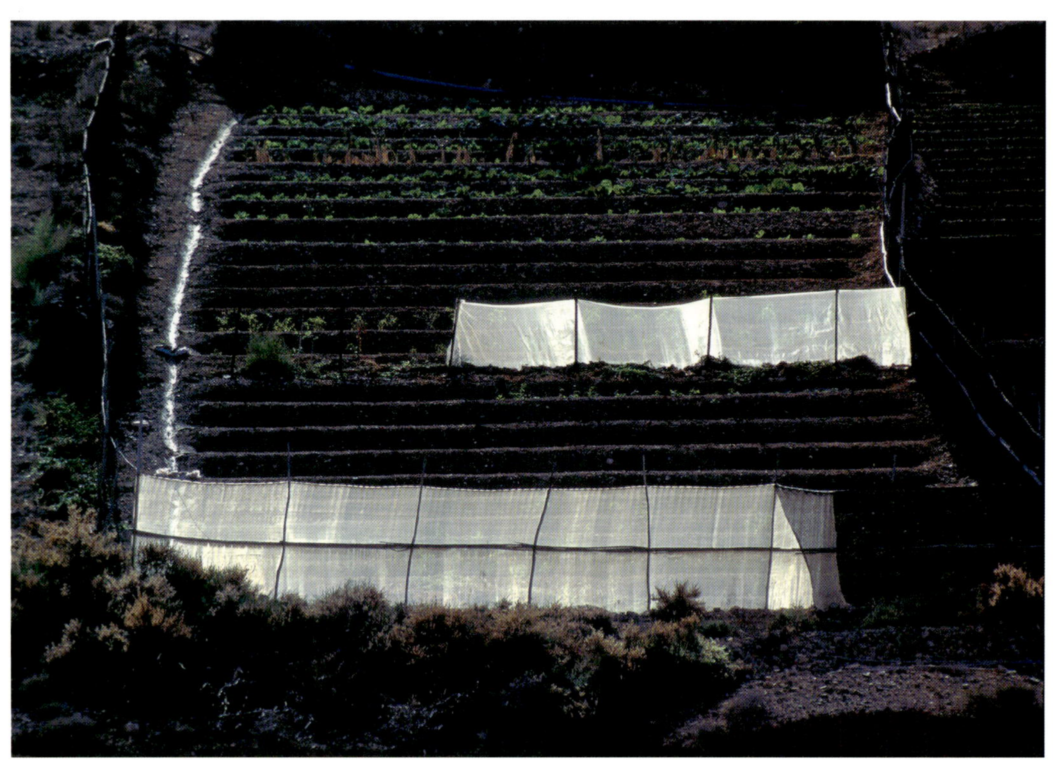

83 **Fuerteventura** 1987

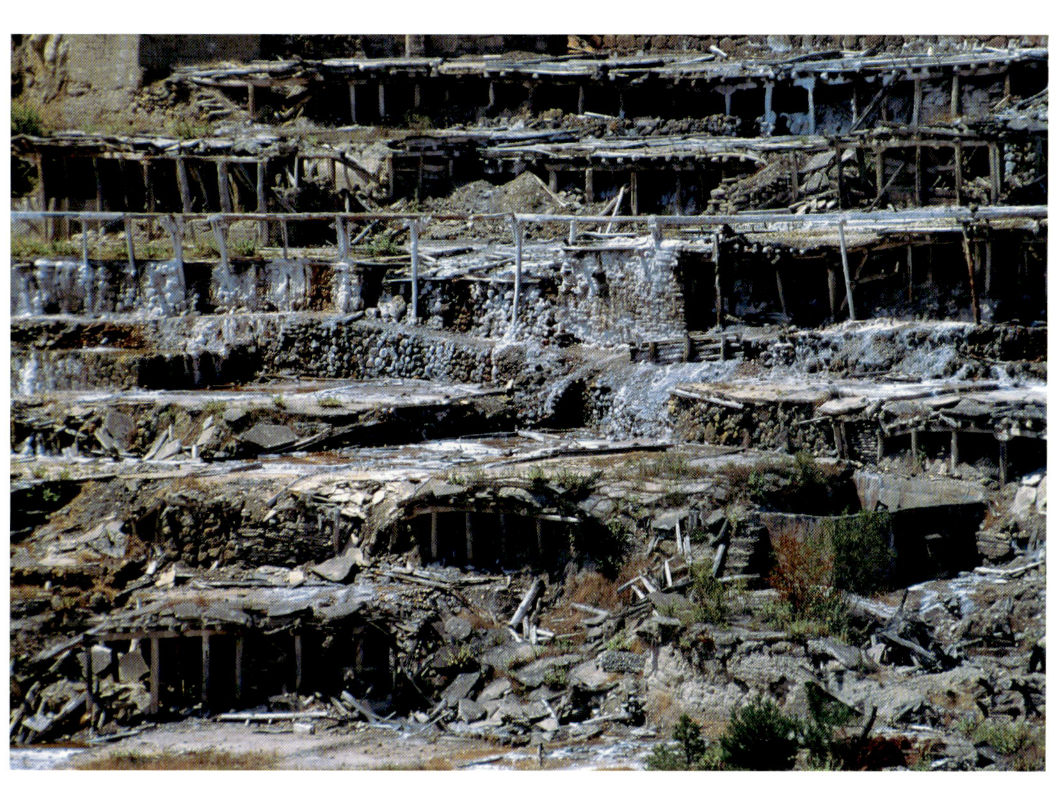

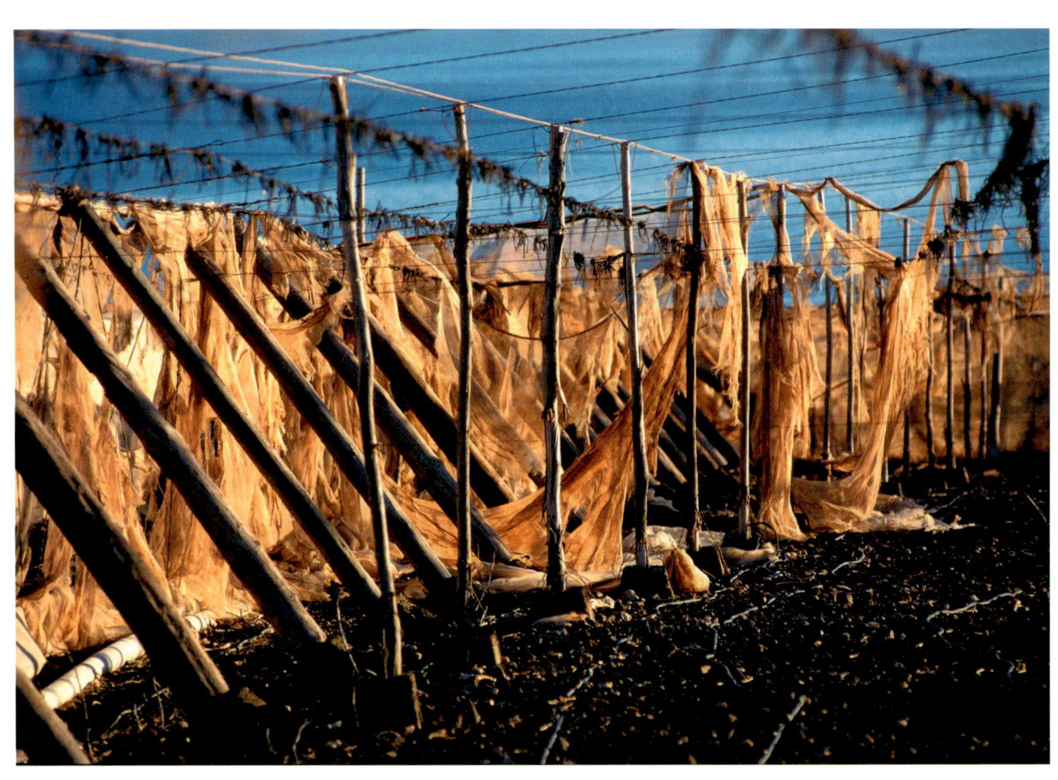

85 **Fuerteventura** 1987

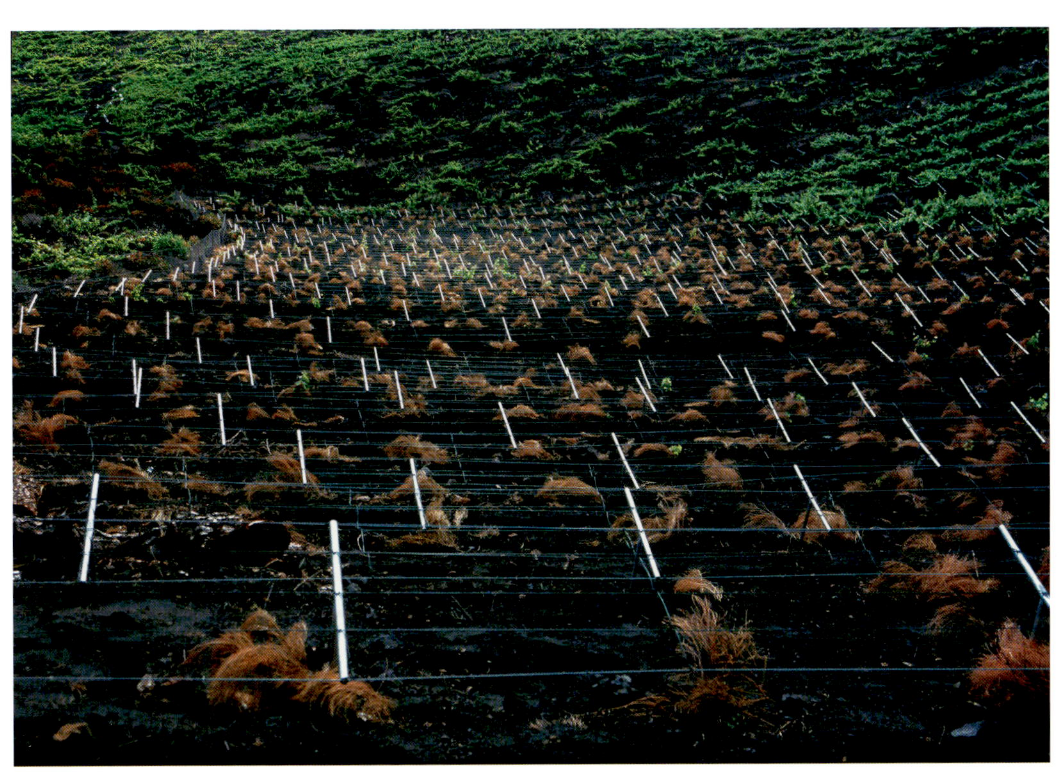

86 **La Palma** 2001

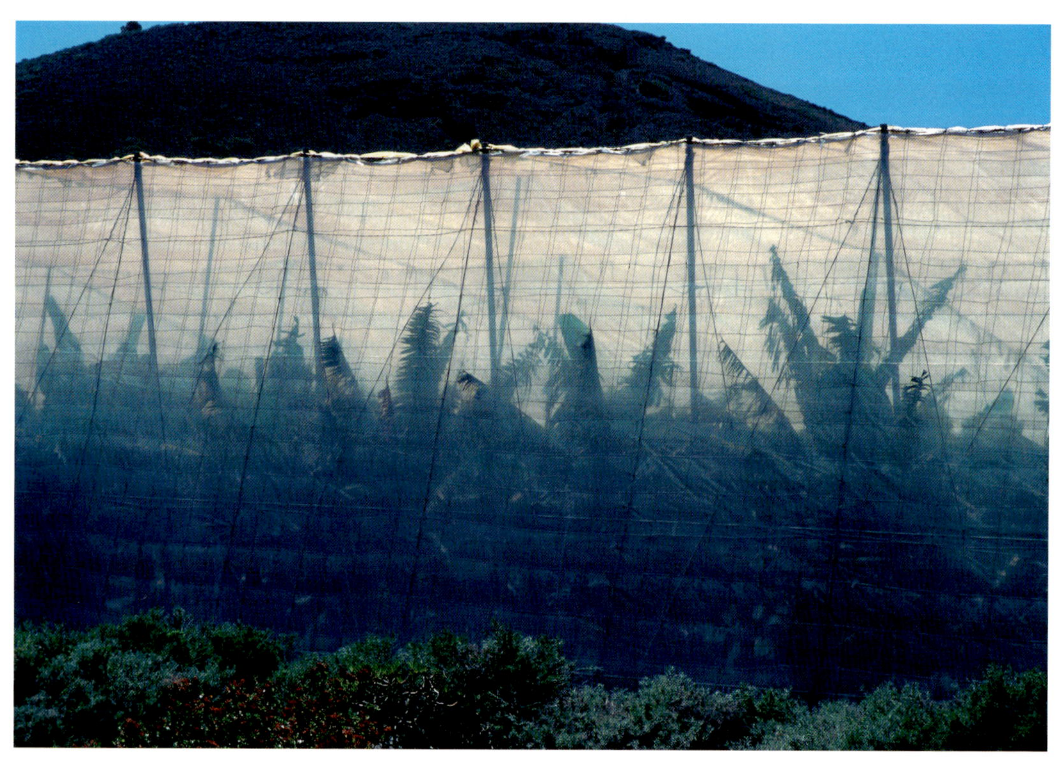

87 **Gran Canaria** 2000

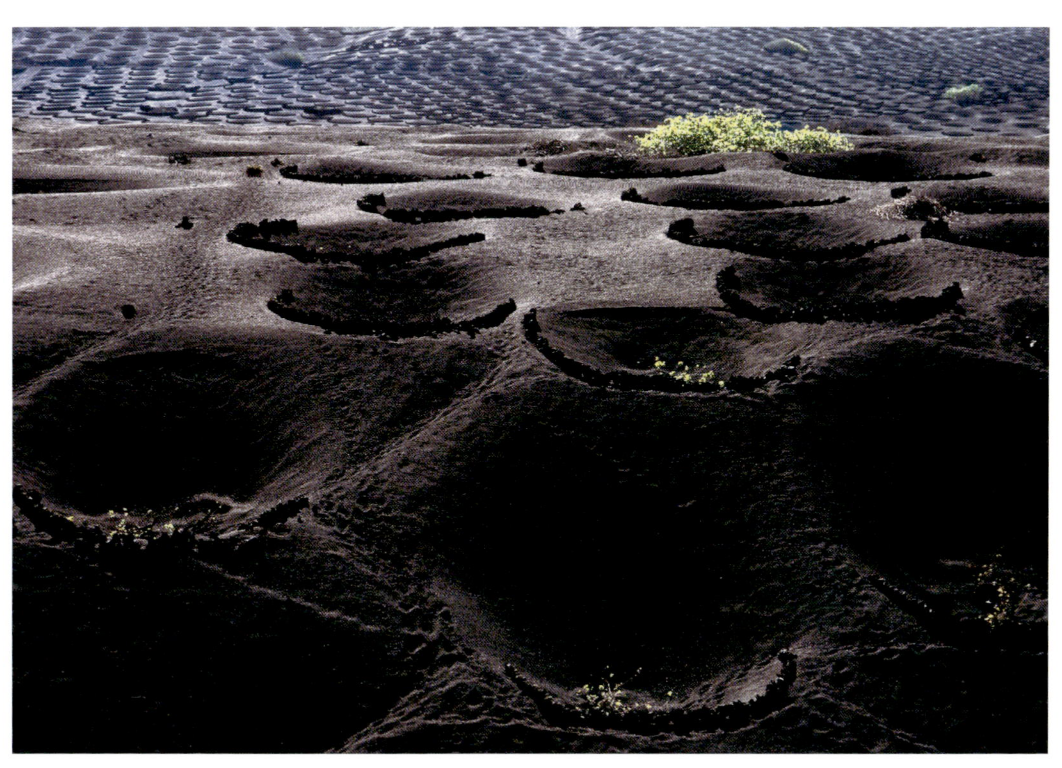

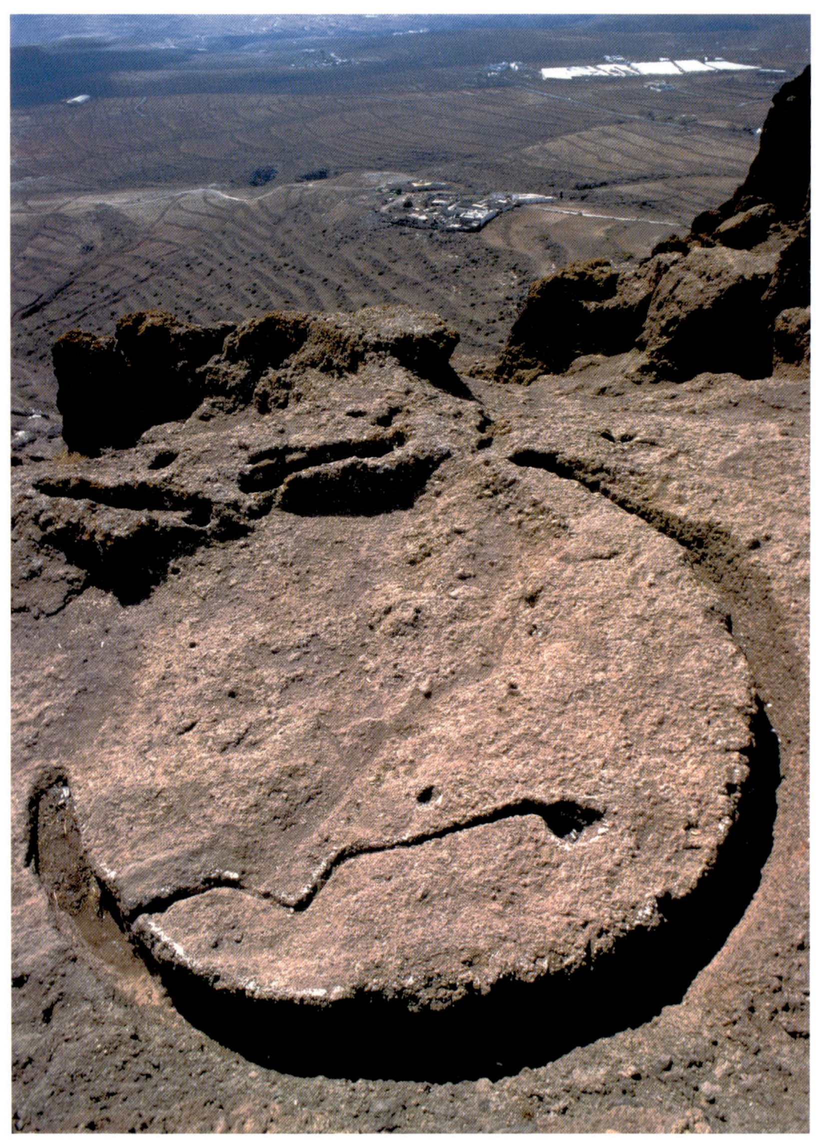

89 **Lanzarote** 2000

90 **Ibiza** 1999

Biographical Chronology

1942	Born in Humpolec, the Bohemia-Moravian Uplands, on 25 March.
1957	Began to take photographs.
1959	Graduated from secondary school in Humpolec.
1960	After three semesters, quit the Faculty of Mechanical Engineering at the Czech Technical University, Prague.
1963	Worked as a free-lance photographer.
1965–69	Took photographs for the periodicals *Výtvarná práce* (Artistic Work) and *Výtvarné umění* (The Plastic Arts).
1968–72	Worked with the rock bands The Primitives Group and The Plastic People of the Universe. Documented his wife Zorka's outdoor art happenings.
1973	Made the *Search and Seizure* series.
1974–77	Made a series of photographs from south Moravia, Slovakia, and Poland.
1979	Devoted himself systematically to color photography.
1984	His books of photographs *Jihočeská krajina* (South Bohemian Landscape) and *Severozápadní Čechy* (Northwest Bohemia) were published.
1984	Began to work regularly with the periodicals *Geo, Geo Saison, Smithsonian Magazine, Merian, Zeit Magazin, National Geographic*, and *The New York Times*.
1987	His book *A co Paříž? Jaká byla?* (And What about Paris? What Was It Like?) was published.
1989	Helped to establish the Prague House of Photography, and documented the anti-regime demonstrations beginning in mid-November.
1995	His book *Krajina* (Landscape) was published.
2002	His book *Art Cult* was published.

Životopisná data

1942	Narodil se 25. března v Humpolci.
1957	Začal fotografovat.
1959	Maturoval na SVVŠ v Humpolci.
1960	Po třech semestrech opustil Strojní fakultu ČVUT.
1963	Pracuje jako nezávislý fotograf.
1965–69	Spolupracuje s časopisy Výtvarná práce a Výtvarné umění.
1968–72	Spolupracuje s kapelami The Primitives Group a The Plastic People of the Universe. Dokumentuje akce své manželky Zorky v exteriérech.
1973	Vzniká cyklus *Domovní prohlídka*.
1974–77	Fotografuje cyklus z Jižní Moravy, Slovenska a Polska.
1979	Věnuje se soustavně barevné fotografii.
1984	Vycházejí jeho obrazové publikace *Jihočeská krajina* a *Severozápadní Čechy*.

1984   Začíná soustavně spolupracovat s časopisy Geo, Geo Saison, Smithsonian Magazine, Merian, Zeit Magazin, National Geographic a s deníkem The New York Times.
1987   Vychází jeho kniha *A co Paříž? Jaká byla?*
1989   Spoluzakládá Pražský dům fotografie / PHP a dokumentuje listopadové události.
1995   Vydává knihu s názvem *Krajina.*
2002   Vydává knihu *Art Cult.*

Solo Exhibitions / Samostatné výstavy

1969   *Někde něco* (s Jiřím Kolářem, Bělou Kolářovou a Zorkou Ságlovou), Galerie Václava Špály, Praha
1976   *Baňka, Janovský, Ságl*, Galerie ve věži, Mělník
1979   *Jan Ságl: Fotografie*, Ústav makromolekulární chemie, Praha
1981   Schröder-Saal des CVJM, Hamburg
1985   *Fotografie 1980–1985*, ÚKDŽ, Praha
1987   *Barevný svět* (s Janem Saudkem a Miro Švolíkem), Výstavní síň kolonády M. Gorkého, Mariánské Lázně
1987   *Tunis* (s Otakarem Jiránkem), Památník národního písemnictví, Praha
1987   *Tváře krajiny* (s Jaroslavem Kořánem), Junior klub na Chmelnici, Praha
1987   Knihkupectví Karla Čapka, Praha
1990   Galerie Coupoule (se Zorkou Ságlovou), Neu-Isenburg
1992   *Krajina, galerie a katedrály*, Pražský dům fotografie, Praha
1992   *Jan Ságl*, Dům umění města Brna, Brno
1997   *Proměny Prahy*, Komorní galerie Domu fotografie Josefa Sudka, Praha
1998   *Prag im Wandeln seiner Architektur*, Tschechisches Centrum, Berlin
1998   *Prag im Wandeln seiner Architektur*, Galerie Moderner Zeiten, Dresden
2000   *Art Cult*, Galerie v kapli, Bruntál
2000   *Der Blick von Aussen* (s Inge Morathovou), Städtische Galerie, Leerer Beutel, Regensburg
2001   „*Tak tedy Paříž…*", Poslanecká sněmovna, Praha
2001   *Art Cult*, Tschechisches Zentrum, Wien
2004   *Zorka Ságlová a Jan Ságl*, Obecní galerie Beseda, Praha
2005   *Spolu*, Galerie Vernon, Praha
2007   *Starénové*, Galerie Zlatá husa, Praha
2007   *Starénové*, Dům umění města Brna, Brno
2008   *Starénové*, Národní památkový ústav, Státní hrad, Bítov
2008   *Krajiny*, Ars Pragensis – Obecní galerie Beseda, Praha
2009   *Variace a paralely*, 29. Salon Zentiva, Administrativní budova Zentiva, Praha

Group Exhibitions / Skupinové výstavy

1965   Klub SČSVU Mánes, Praha
1970   *Výstava mladých*, Mánes, Praha
1973   *Huitième Biennale de Paris*, Musée d'Art Moderne de la Ville de Paris, Paris
1979   *Fotografie do interiéru*, Kniha Vodičkova ulice, Praha
1979   *Media Practice*, AI galerie, Tokyo
1980   Galerie Centrum, Praha
1981   Galerie na Újezdě, Praha
1982   *Aktuální fotografie*, Moravská galerie v Brně, Brno
1983   RIP, Arles
1984   *Česká výtvarná fotografie*, Galerie D, Praha
1984   *Generace 70. let*, Galerie Fotochema, Praha
1984   *Aspects of Czech Photography*, Thackeray and Robertson Gallery, San Francisco
1985   *Vyznání životu a míru*, Galerie D, Praha
1985   *27 Contemporary Photographers from Czechoslovakia*, The Photographers' Gallery, London, Bristol
1985   Doi Photoplaza, Tokyo
1985   National Gallery, Beijing
1986   *50 Jahre Moderne Farbfotografie 1936–1986*, Photokina, Köln am Rhein
1986   *Selection 3*, Polaroid, Köln am Rhein
1986   *Tělo v československé fotografii 1900–1986*, Muzeum Kroměřížska, Kroměříž
1986   *13th FIAP Colorprint Bienial*, Andorra
1987   *Okamžik*, Moravská galerie, Brno
1987   *Okamžik*, Sbírka keramiky Alšovy Jihočeské galerie, Bechyně
1987   *Okamžik*, Galerie 4, Cheb
1987   *Interkamera*, Průmyslový palác, PKOJF, Praha
1988   *Krajina a krajina*, Fotochema, Praha
1988   *Krajina*, Galerie na Újezdě, Praha
1988   *Okamžik*, SD Trnávka, Bratislava
1989   *Cesty československé fotografie*, GHMP, Dům u Kamenného zvonu, Praha
1989   *Československá fotografie 1945–1989*, Národní galerie, Valdštejnská jízdárna, Praha
1989   *Současná užitá fotografie*, Galerie D, Praha
1989   *Československý listopad 1989*, Praha (a dalších sedm měst v Evropě)
1990   *Zeitgenosische Tschechoslowakische Fotografie*, Museum Ludwig, Köln am Rhein
1994   *Česká fotografie 1989–1994*, Mánes, Praha
1994   *Krajina*, Nová síň, Praha
1995   *Czech Press Photo*, Galerie Ambit, Praha
1996   *Czech Press Photo*, Galerie Ambit, Praha
1996   Atelier Maxera, Alberndorf
1997   *Týden – Tři roky objektivity*, Galerie Ambit, Praha

1997   Atelier Maxera, Alberndorf
1997   *Czech Press Photo*, Staroměstská radnice, Praha
1998   *Osobnosti současné fotografie v Čechách*, Muzeum umění, Benešov u Prahy
1998   *Rok 1968 očima fotografů*, Staroměstská radnice, Praha
1999   *My 1948–1989*, Moravská galerie v Brně, Brno
1999   *Akce, slovo, pohyb, prostor – experimenty v umění 60. let*, Galerie hl. města Prahy, Praha
2000   *Proměny Prahy*, Staroměstská radnice, Praha
2000   *Prag im Wandel*, Tschechisches Zentrum, Wien
2001   *Experimentální krajina*, Severočeské muzeum, Liberec
2001   *Tvář naší země*, Pražský hrad, Praha
2002   *Divočina – příroda, duše, jazyk*, Galerie Klatovy, Klenová
2002   *Klassik Heute*, Martin Gropius-Bau, Berlin
2003   *Reality Check*, Galerie Rudolfinum, Praha
2003   *Prazdroj české kultury. Umění inspirované pivem*, Mánes, Praha
2004   *Krajina v českém umění 17.–20. století*, Národní galerie, Palác Kinských, Praha
2005   *Česká fotografie 20. století*, Uměleckoprůmyslové museum Praha a Galerie hl. města Prahy, Praha
2008   *Magie české fotografie*, Muzeum, Bruntál
2008   *Nový urbanismus*, Galerie Seine 51, Paris
2008   *Třetí strana zdi*, Moravská galerie, Brno

Represented in Galleries / Zastoupení ve sbírkách

Bibliothèque nationale de France, Paris
Deutsche Photographishe Gesellschaft, Köln am Rhein
Galerie Zlatá husa, Praha
Moravská galerie v Brně, Brno
Museen der Stadt Regensburg, Regensburg
The Museum of Fine Arts, Houston
Muzeum umění a designu, Benešov u Prahy
The Polaroid Collection, Lausanne
Uměleckoprůmyslové museum, Praha
The Victoria and Albert Museum, London

Bibliography / Literatura

Books / Knihy

Ságl, Jan: *Jihočeská krajina*, Praha, Pressfoto 1984 (cena v soutěži Nejkrásnější kniha roku 1984).

Ságl, Jan: *Severozápadní Čechy*, Praha, Panorama 1984.

Ságl, Jan: *A co Paříž ? Jaká byla ?*, Praha, ČTK–Pressfoto1987 (cena v soutěži Nekrásnější kniha roku 1987).

Jiránek, Otakar & Ságl, Jan: *Meine Traumstadt Paris*, Bratislava, Slovart 1989.

Mrázková, Daniela: *Co je fotografie – 150 let fotografie*, Praha, Videopres 1989.

Mrázková, Daniela & Remeš, Vladimír: *Cesty československé fotografie*, Praha, Mladá fronta 1989.

Birgus, Vladimír & Vojtěchovský, Miroslav: *Tschechoslowakische Fotografie der Gegenwart*, Heidelberg, Museum Ludig, Köln & Braus 1990.

Auer, Michele & Michel: *Photographers Encyclopaedia International 1839 to the Present*, Genève, Hermance, Editions Camera Obscura 1992.

Encyklopedie českých a slovenských fotografů, Praha, Asco 1993.

Ságl, Jan: *Krajina*, Praha, Kant 1995 (cena Fotografická publikace roku).

Evans, Martin Marix: *Contemporary Photographers*, Detroit, St. James Press 1995.

Jirous, Ivan Martin: *Magorův zápisník*, Praha, Torst 1997.

Birgus, Vladimír & Scheufler, Pavel: *Fotografie v Českých zemích 1939–1999*, Praha, Grada Publishing 1999.

Alternativní kultura. Příběh české společnosti 1945–1989, Praha, Nakladatelství Lidové noviny 2001.

Ságl, Jan: *Art Cult*, Praha, Kant 2002.

Birgus, Vladimír & Mlčoch, Jan: *Česká fotografie 20. století. Průvodce*, Praha, Uměleckoprůmyslové museum a Kant 2005.

Exhibition Catalogues / Katalogy výstav

Jan Ságl – Fotografie 1974–1978, Praha, Ústav makromolekulární chemie ČSAV 1979.

Mrázková, Daniela: *Baňka, Janovský, Ságl – fotografie*, Mělník, Galerie ve věži 1979.

Mrázková, Daniela & Remeš, Vladimír: *Barevný svět: Jan Ságl & Jan Saudek & Miro Švolík*, Mariánské Lázně, Kulturní středisko 1982.

Pánková, Marcela: *Jan Ságl – Fotografie 1980–1985*, Praha, ÚKDŽ 1985.

Dufek, Antonín: *27 Photographers from Czechoslovakia*, London, The Photographers' Gallery 1985.

Čiháková-Noshiro, Vlasta: *Současná československá fotografie*, Ságl, Baňka, Stano, Švolík, Tokio, Akyioshi Yamada 1991.

Vránová, Jana: *Jan Ságl*, Brno, Dům umění města Brna 1992.

Ševčíkovi, Jana & Jiří: *Krajina, Galerie a katedrály*, Praha, Pražský dům fotografie 1992.

Smolíková, Marta: *Krajina*, Praha, Nová síň 1994.

"

Kirschner, Zdeněk: *Česká fotografie 1989–1994*, Praha, Mánes 1994.

Mrázková, Daniela: *Proměny Prahy, Jan Ságl*, Praha, Czech Photo, o.p.s. a Hlavní město Praha 1997.

Mrázková, Daniela & Remeš, Vladimír: *Proměny Prahy*, Praha, Czech Photo,o.p.s. a Hlavní město Praha 2000.

Krohn, Barbara & Liška, Pavel: *Jan Ságl, Regensburg – Der Blick von Aussen*, Regensburg, Städtischen Galerie 2000.

Zemánek, Jiří (ed.): *Ejhle světlo*, Praha a Brno, Kant a Moravská galerie v Brně 2003.

Juříková, Magdalena: *Jan Ságl: Starénové*, Praha, Kant 2007.

Articles / Články

Sešity pro literaturu a diskusi 4, 1969, č. 30, 11 fotografií, nestránkováno.

Dufek, Antonín: Prosté efekty Jana Ságla, *Revue Fotografie* 30, 1986, č. 2, s. 52–53, obálka 1 a 4.

Československá fotografie 40, 1989, č. 11, obálka 1 a 2.

Blažek, Bohuslav: Alternativa I, Zakázané fotografie, Z cyklu Kapely, *Československá fotografie* 41, 1990, č. 5, s. 212–213, obálka 1 a 2.

Černý, Jiří & Kliment, Lukáš: *Konec normalizace* (obrazový magazín *Lidových novin*), Praha 1990, obálka 1 a 2.

mjr.: Jan Ságl, Portfolio, *Svět v obrazech* 47, 1991, č. 14, s. 26–29.

Mrázková, Daniela: Jan Ságl, Z cyklu Polychromie, *Fotografie*, 1993, č. 7, s. 17–22.

Chuchma, Josef: Jan Ságl, starý vlk, který ví, co činí, *Mladá fronta Dnes*, 12. 6. 2003, s. 12.

Juříková, Magdalena: Jan Ságl – Art Cult, *Ateliér*, 2003, č. 13, s. 12.

Juříková, Magdalena: Jan Ságl – Území někoho, *Fotograf* 5, 2006, č. 8, s. 48–57.

Chuchma, Josef: Nové i věčné v krajině nejen české, *Mladá fronta Dnes*, 2. 10. 2007, s. 5.

Zahradnický, Jiří: Barevné fotografie z archivu Jana Ságla, *Paladix, Foto-online*, 16. 11. 2007, www.paladix.cz.

Kučerová, Iveta: Vlaštovky / Swallows, *Time for Students* (Mladá Boleslav) 1, 2008, č. 4, s. 35.

List of Published Photographs

Provence

Germany

Italy

Brittany

Greece

Tunisia

58   Ghomrassen, 1985
59   Carthage, 1985
60   Mahdia, 1987
61   Zaafrane, 1987
62   Chenini, 1985

Paris

63   Jardin des Plantes, 2003
64   Beaubourg, 2006
65   La Villette, 2006
66   La Villette, 2006
67   Paris, 2007
68   La Villette, 2006
69   Paris, 2006
70   Beaubourg, 2007
71   Beaubourg, 2007
72   Entre Staint-Quen et Clignancourt, 1990
73   Église Saint-Eustache, 2006
74   Louvre, 1982
75   Beaubourg, 1986

Spain

76   Majorca, 2006
77   Lanzarote, 2007
78   Lanzarote, 2007
79   Lanzarote, 2007
80   Lanzarote, 2007
81   Lanzarote, 2007
82   Lanzarote, 2007
83   Fuerteventura, 1987
84   Salinas de Añana, 2001
85   Fuerteventura, 1987
86   La Palma, 2001
87   Gran Canaria, 2000
88   Lanzarote, 2000
89   Lanzarote, 2000
90   Ibiza, 1999

Soupis publikovaných fotografií

s. 2   autoportrét, 2008

Plastic People

1   Z cyklu Plastic People, Valeč, 1969
2   Z cyklu Plastic People (Josef Janíček, Michal Jernek, Jiří Števich, Pavel Zeman), 1969
3   Z cyklu Plastic People (Milan Hlavsa), 1969
4   Z cyklu Domovní prohlídka, 1972
5   Z cyklu Domovní prohlídka, 1972
6   Z cyklu Vlaštovky, 1975

Balt

7   Łeba, 1980
8   Stubbenkammer, 1981
9   Łeba, 1980
10   Stubbenkammer, 1981
11   Arkona, 1986
12   Darß, 1984
13   Breege, 1981

Československo

14   Kamenný Přívoz, 2005
15   Křížov, 1985
16   Pavlov, 2006
17   Jižní Morava, 1983
18   Mouřínov, 1985
19   Jižní Morava, 1985
20   Křížov, 1984
21   Křížov, 1985
22   Křížov, 1981
23   Křížov, 1984
24   Křížov, 1982
25   Milevsko, 1985
26   Romský festival Khamoro, 2005

Provence

Německo

Itálie

Bretaň

Řecko

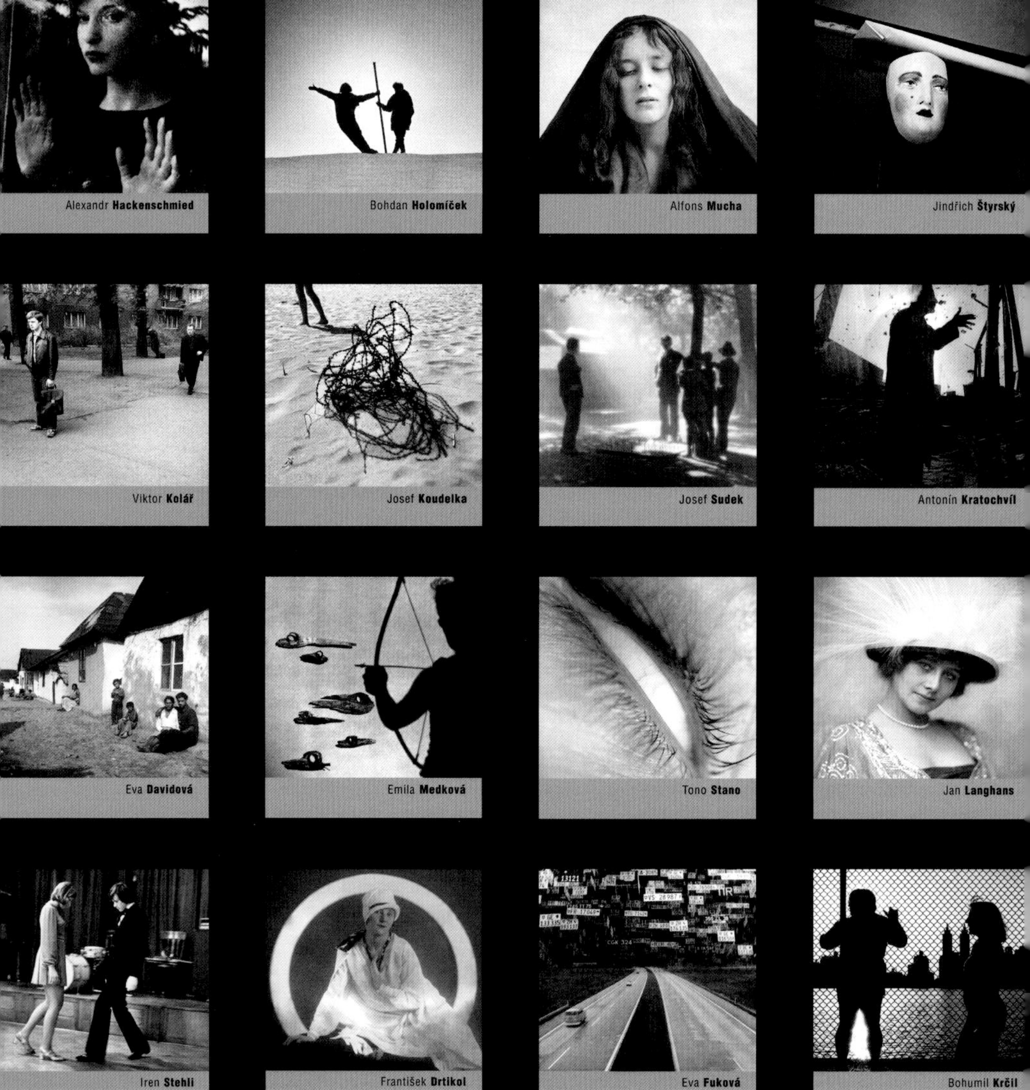

Alexandr Hackenschmied
Bohdan Holomíček
Alfons Mucha
Jindřich Štyrský
Viktor Kolář
Josef Koudelka
Josef Sudek
Antonín Kratochvíl
Eva Davidová
Emila Medková
Tono Stano
Jan Langhans
Iren Stehli
František Drtikol
Eva Fuková
Bohumil Krčil

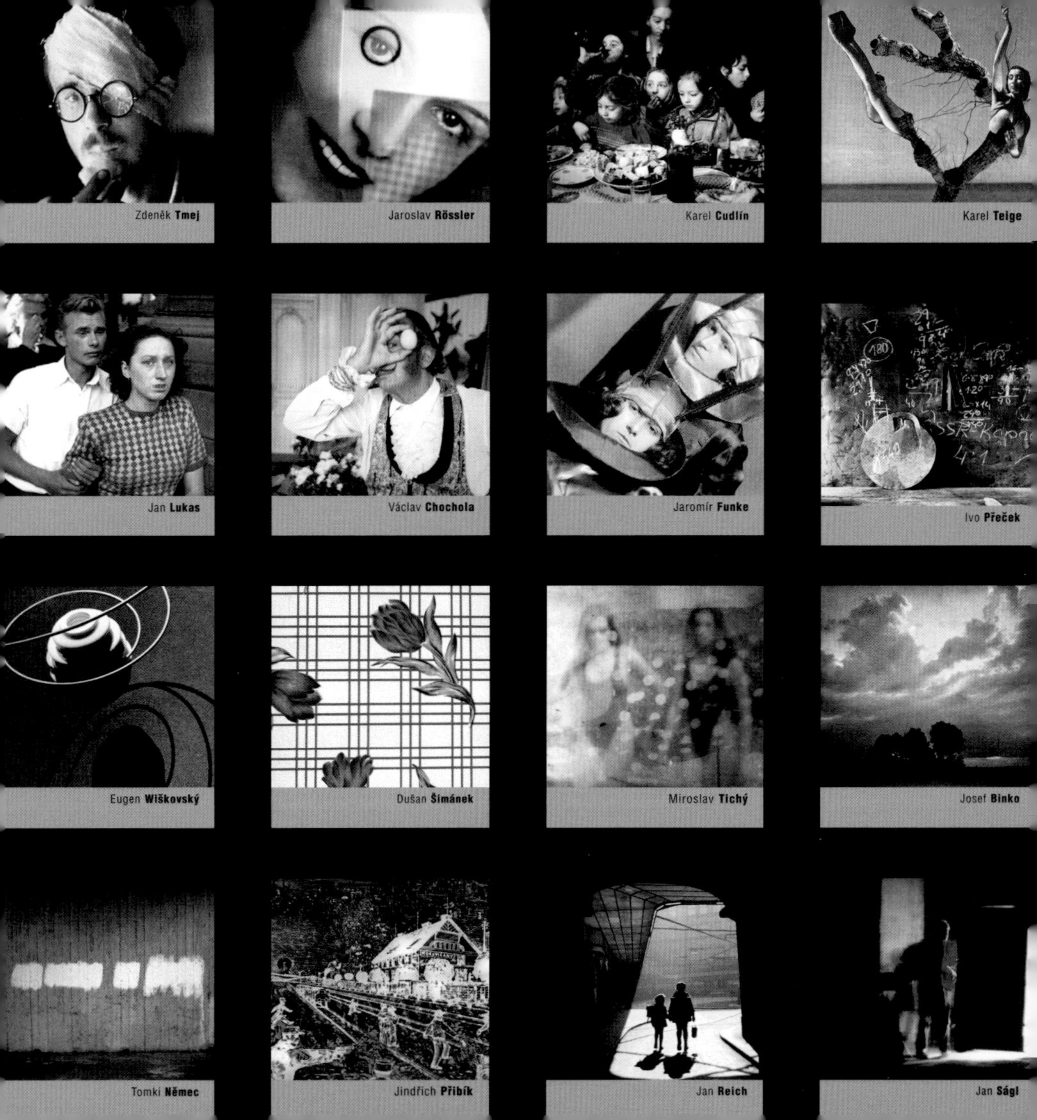

Zdeněk Tmej
Jaroslav Rössler
Karel Cudlín
Karel Teige
Jan Lukas
Václav Chochola
Jaromír Funke
Ivo Přeček
Eugen Wiškovský
Dušan Šimánek
Miroslav Tichý
Josef Binko
Tomki Němec
Jindřich Přibík
Jan Reich
Jan Ságl

Jan Ságl

by Magdalena Juříková
Translation: Derek & Marzia Paton
Graphic concept: Studio Najbrt, Prague
Graphic design: Pavel Lev & Klára Hájková, Studio Najbrt
Lithography: Art D, Prague
Printed by Trico, Prague
Copy editors: Jan Šulc & Derek Paton
Published by TORST
Address: Opatovická 24, Prague 1
CZ-110 00, Czech Republic
foto@torst.cz
First edition, 2009

Also available through D. A. P./Distributed Art Publishers
155 Sixth Avenue, 2nd Floor, New York, N.Y. 10013, USA
Tel: ++1 (212) 627-1999 Fax: ++1 (212) 627-9484